成功不是遙不可及的夢想！你與百萬富翁差在哪？

壞習慣讓人一見就散

使你人見人愛

好習慣

U0075325

莫宸，李紅祥 著

養成70種好習慣
讓機會追著你跑

韜光養晦，修養自身，為自己
加冕一頂人生勝利王冠

擁有了良好心態，就能擁有了良好習慣；
擁有了良好習慣，就能擁有了良好個性；
擁有了良好個性，就能擁有了良好人緣。

想讓自己成為人見人愛的萬人迷嗎？那就從養成良好的「習慣」開始吧！

目錄

目錄

第三章　好習慣營造好心境

第四章　好習慣帶來好心情

第五章　好習慣讓你更自信

第六章　好習慣助你贏得好人緣

目錄

第七章　好習慣成就你的事業

前言

　　如果人生是一條蜿蜒曲折的路，那麼習慣就是鋪就這條路的石子；如果人生是一片汪洋大海，習慣就是聚集成海的水滴。人生的品質取決於習慣的好壞，如果是好習慣，那麼即使鋪成的路有曲折，最終也會通向頂峰，通向光明與美好。如果是好習慣，那麼即使匯成的海有風浪，最終也會通向成功與幸福的彼岸。

　　習慣是經過長時間逐漸養成的不易改變的行為或傾向。據研究顯示，一個人每天90％的行為都是無意識的，且受到習慣的支配。習慣時刻都在影響著生活，它讓行為自動化，不需要特別的努力，不需要別人的監控，什麼情況下就依照什麼規則去行動。習慣一旦養成，就會成為支配人生的一種力量。

　　心理諮商專家研究發現，一個人工作、學習的好壞，20％與智力因素有關，80％與非智力因素有關。而在信心、意志、習慣、興趣、性格等非智力因素中，習慣又占有重要的位置。

　　人生就是命運。有的人一生順利，有的人命運多舛；有的人事業輝煌，有的人碌碌無為；有的人屢敗屢戰，最後終於成功，有的人努力奮鬥，結果一事無成。人生的後面似乎有一隻神奇的手在指揮著每一個人，其實這隻無形的手不是別的，正是人的習慣。

前言

　　習慣就像是飛馳的列車，慣性使人無法止步。習慣是由一點一滴、循環往復、無數重複的行為動作養成，無論是好的習慣還是壞的習慣都是如此，只是結果不同。好習慣是一種美德，壞習慣是一種惰性。習慣就是這樣一種力量，它常年累月地影響著人們的品德，決定著人們的思維和行為方式，左右著人們一生的成敗。

　　所以，要想成就自己美好的人生，就要先養成良好的習慣。一個壞習慣多於好習慣的人，他的人生是向下沉淪的；一個努力讓自己的好習慣多於壞習慣的人，他每一天的生活都是積極並充滿活力的，那樣他的人生必定會是美好的。雖然習慣嚴重地影響著我們的思考和行動，但是習慣並不是天生的，當我們意識到自己的壞習慣時，應該學會用自己的好習慣來替代壞習慣。只有在好習慣支配下所產生的思考和行動，才能引導我們走向美好的人生。

第一章
有好習慣才有好氣質

　　美國形象設計大師哈維·鮑爾（Harvey Ball）說：「成功男人的風格反映在外表，而優雅來自內在，它是你的自信及對自己的滿意，它透過你的外表、舉止、微笑展示。」可見，氣質對一個人的重要性。其實，氣質都是可以藉由習慣培養出來的，只要我們平時養成良好的生活習慣，那麼我們的言談舉止都會顯現出自己獨有的魅力。所以要想擁有好的氣質，就要先養成好的習慣，讓我們從習慣開始改變自己，為塑造好的氣質而改變自我吧！

從容大方展現好氣質

　　現代人有多重的壓力來源，不論是什麼人，不同的角色與身分會有不同的壓力存在。面對壓力，不少人會有不自覺的駝背習慣。駝背給人的外觀感覺不僅是沒有精神和氣質，而且會間接的影響人際關係。而那些具有良好氣質的人，沒有一個看起來是畏畏縮縮的。

　　2000 年時，英國反對黨前領袖文‧威廉姆森（Gavin Williamson）被英國人戲稱為「小老頭」，他只有四十多歲，卻像個走入暮年的老人，神色、語氣缺乏朝氣和自信，而他的接任者和威廉姆森亦相似，兩人有如攣生兄弟。而勞動黨領袖、英俊的托尼‧布雷爾（Tony Blair），總是滿面春風地帶著笑容，走路和說話渾身都散發著朝氣和熱情，看起來就能夠鼓舞他人，看起來就像個出色的領袖。也難怪很多英國選民雖然不支持勞動黨的政策，卻投給了托尼‧布雷爾一票，至少從領袖的外在魅力上托尼還值得這一票。

　　一位英國民眾說：「保守黨的領袖讓我對這個黨已經失望，他們這兩屆的領袖看起來就不像能成為首相的人。」英格蘭地區一位英國人甚至激進地宣稱：「除非保守黨能夠推出一個長著頭髮的領袖，否則他們永遠只能夠坐在反對黨的座位上！」由於競選人「看起來不像是位領袖」的理由，讓保守黨一次次失去了駐守唐寧街的機會。

　　身心拘謹的人往往對自己不滿意，對自己不滿意不一定是件壞事，但如果這種不滿意影響了你的工作和生活，甚至影響了你的形象和精神，那麼，須要留意它是否是你不自信的根源。產生不自信的原因很多，不外乎客觀因素和主觀感受兩個方面：

　　客觀因素主要包括：自身條件的限制，比如學歷、身高、容貌、家庭背景、職業環境對你的認同等等，這可能在一定程度上影響你對自我的判斷，進而影響你的精神面貌、工作能力，最終的結果是影響了上司對你的看法、與同事的關係以及你個人的升遷之路。

　　主觀感受是指對發生在我們身上的事情的判斷和我們對自身的評價，當然主要包括對工作能力、人際關係、外型氣質方面的評價，這種評價來源於旁人對你的評論，以及你拿自己與他人做比較。於是，久而久之，你就連走路都不抬頭挺胸，開會都不敢發言了，哪裡有從容大方可言呢？

　　世界大戰前期，有一個人把全部財產投資在一種小型製造業上。由於世界大戰爆發，他無法取得他的工廠所需要的原料，因此只好宣布破產。金錢的喪失，讓他大為沮喪。於是，他離開妻子兒女，成為一名流浪漢。他對於這些損失無法忘懷，而且越來越難過，後來甚至想要跳湖自殺。

　　一個偶然的機會，他看到了一本小書。這本小書給他帶來

勇氣和希望，他決定找到這本書的作者，請作者幫助他再度站起來。

當他找到作者，陳述他的故事後，那位作者卻對他說：「我已經非常認真聽完了你的故事，我希望我能對你有所幫助，但事實上，我卻無法幫你。」

他的臉立刻變得蒼白。他低下頭，喃喃地說道：「這下子完蛋了」。

作者停了幾秒鐘，然後說道：「雖然我沒有辦法幫助你，但我可以介紹你去見一個人，他可以協助你東山再起。」剛說完這幾句話，流浪漢立刻跳了起來，抓住作者的手，說道：「看在老天爺的分上，請帶我去見這個人。」

於是作者把他帶到一面高大的鏡子面前，用手指著鏡子說：「我介紹的就是這個人。在這世界上，只有這個人能夠讓你東山再起。除非你坐下來徹底認識這個人，否則，你只能跳到密西根湖裡。對於你自己或這個世界來說，唯有對這個人做充分的認識，你才是有價值的人，而不是廢物。你都將是個沒有任何價值的廢物」

他朝著鏡子向前走幾步，用手摸摸他長滿鬍鬚的臉孔，看著自己佝僂的身體然後後退幾步，低下頭，開始哭泣起來。

幾天後，作者在街上碰見了這個人，幾乎認不出來了。他的步伐輕快有力，頭抬得高高的。他從頭到腳煥然一新，看來

是很成功的樣子。「那一天我離開你的辦公室時，還只是一個流浪漢。我對著鏡子找到了我的自信。現在我找到了一份年薪三千美元的工作。我的老闆先預支一部分錢給我。我現在又走上成功之路了。」他還風趣地對作者說：「我正要前去告訴你，將來我還要再去拜訪你一次。我將帶一張簽好字的支票，支票抬頭是你，金額是空白的，由你填上數字。因為你介紹我認識了自己，幸好你要我站在那面大鏡子前，把真正的我指給我看。」

所以，要讓自己抬頭挺胸，首先就要讓從容大方成為習慣。

給自己一個從容大方的新形象，從形象入手，無論你多大的年紀，都要挺起胸。穿比實際年齡小五歲的服裝，換一個時髦的髮型，走路步伐加大十五公分，加快速度，說話聲音大二十分貝，在走廊與旁人熱情地打招呼。這是建立從容大方新形象的新開始。

在健身會員中我們常會看到這樣一些人，無論他們在健身房裡如何努力，也無法擺脫不良身型的陰影。歸根究柢，是他們無法徹底告別跟隨他們多年的不良習慣。

不要以為你平時的一些不良習慣不會影響你的外觀，你錯了，那些小動作正在慢慢吞噬你的魅力！本著對自己負責的原則，從現在起你應該做到：

· **腰桿打直挺胸而坐**：人體是由骨骼與骨骼相連接而成，骨骼之間再由肌肉連結，哪個部位的肌肉沒有張力，該部位就

會癱軟，形成贅肉。坐在椅子上把腰桿打直，與挺胸打坐相仿，腹肌和背肌都必須用力，這就是一種運動。坐在會議桌、辦公桌前時，與其駝背發呆，不如積極改變坐姿，訓練腹肌。

· **抬頭挺胸昂首闊步**：抱著胳膊、慵懶地散步看似優雅，卻暗藏鼓勵贅肉生成的危機！抱著胳膊走路，會使你的身體不知不覺向前傾，小腹因受到壓迫而隆起，此時腹肌處於不出力的狀態，脂肪逐漸囤積，贅肉也就跟著來報到了。從今天起，擺動手臂、昂首闊步，走路時伸展筋骨，不僅血液循環順暢，還會因此而消耗脂肪。

切記，不論心情再壞、挫折再大，也要抬頭挺胸的踏出每一步，重新站起來！

大方得體的外在素養

一個成功者是由兩方面的特質組成的，一是內在精神力量，氣質修養；二是外在的衣著服飾、言談舉止。兩方面都缺一不可。沒有內在精神力量，根本不可能成功。只有那種精力充沛，奮發向上，勤奮努力的人才會在事業上奮鬥不息，才會成為一個成功者；而一個成功者，同時在外表上，也應該是一個利索、幹練、舉止大方、灑脫的人。尤其在社會工作的人，外表邋遢，衣服不整潔，是不會給人能幹的印象。

外在的素養同內在的氣質都是成功者必不可少的。

幾年前，王某畢業於一所名校的經濟系。那時，他是一個追求獨特個性、充滿抱負和野心的年輕人。他崇拜比爾蓋茲和史蒂夫‧賈伯斯這兩個電腦奇才，追隨他們不拘一格的休閒穿衣風格，他相信「人的真正的才能不在外表，而在大腦」。對那些為了尋求工作而努力裝扮自己的人，他嗤之以鼻。他認為真正珍惜人才的現代化公司不會以外表衡量人的潛力。如果一個公司在面試時以外表來論人，那麼這也不是他想效力的企業。他不僅穿著牛仔褲、T恤，還穿上一雙早已落伍的黑布鞋，他認為自己獨特的抗拒潮流又充滿判逆性格的裝束，正反映了自己有獨特創造性的思想和才能。

然而，他去外商公司一次次面試，卻一次次地以失敗。直到最後一次，他與同班同學去某外商公司召先後面試。他的同學全副「武裝」，髮型整潔、面容乾淨、西裝革履，手中提了個只放了幾頁紙的真皮公事包，看起來已經儼然是成功者的姿態，而自己依然是那套「瀟灑」的「蓋茲」服，外加上「性格宣言」的黑布鞋。在他進入面試的會議室時，看到約有五、六個人，全部是穿著正式服裝。他們看起來不但精明幹練，而且氣勢壓人。他那不修邊幅的休閒裝，顯得如此地與眾不同、格格不入，巨大的壓力和相形見絀的感覺使他「恨不能找個地縫鑽進去」。他沒有勇氣再進行下去，終於放棄了面試的機會。

王某說：「我的自信和狂妄一時間全都消失了。我明白了一個道理，我還不是比爾蓋茲。」

　　儘管高科技的發展改變了社會的經濟結構，資訊網路的發展，縮短了製造成功者的過程。許多電腦奇才在一夜之間暴富，昨日的程式工程師，今天成了高科技 IT 公司的大股東。他們還來不及接受傳統商業文化的洗禮和薰陶，就追隨著偶像比爾蓋茲，穿著隨意的牛仔褲和輕鬆的 T 恤，穿著無帶的涼鞋，嚼著口香糖，喝著可口可樂，就來上班了。時代的幸運兒們跳脫了傳統的企業家、銀行家發展所必然經歷的艱辛的成功道路，他們雖然用最有效、最有活力的方式進行工作，卻忽略了對傳統的商務禮儀、商務文化的重視及培養。公司的形象、個人的形象、成功者的特質、執行總裁的素養等概念，還來不及滲透到發展一日千里的 IT 行業。更何況在他們所領導的 IT 行業中，許多工作和交流是透過電腦網路進行的，他們的工作性質是面對著電腦、最大可能地發揮自己的才能，而電腦這個理性的機器是不會分辨穿牛仔褲、T 恤的程式工程師和穿西裝、打領帶的紳士之間的區別。高科技菁英們休閒的、寬鬆的風格像風暴似的衝擊了傳統的「形象管理」理念。

　　專為美國財富排名的跨國公司提供諮詢服務的美國形象設計大師喬恩‧莫利先生，曾就中上層階級和中下層階級穿著能引起什麼樣的待遇和人們如何看待這兩個階層的成功率做了上千人的實驗調查。

他調查了 1,632 個人，讓人們看同一個人的兩張照片，並宣稱這是一對雙胞胎。一個穿著代表中上層階級的卡其色風衣，一個穿著代表中下層收入的黑色風衣。結果 87% 的人認為穿卡其色風衣的人是個成功者。

他讓 100 個出身於美國中部中層階級的 25 歲左右年輕大學畢業生，其中 50 個穿著像中上層背景，50 個穿著像中下層出身，把他們送到 100 個辦公室，聲稱是公司新來的助理，去檢驗祕書對他們的合作態度。讓這些年輕人給祕書下達「小姐，請把這些檔案找出給我，我在 ×× 先生處」的指示，然後扭頭就走，不給祕書回答的機會。結果發現，只有 12 個穿中下層服裝的人得到檔案，而有 42 個穿得像中上層背景的年輕人得到檔案。顯然，祕書們更聽從那些穿著中上層服裝年輕人的指令，並願意配合。

莫利的調查結果證明，人們本能地以外表來判斷、衡量一個人的出身和地位，並且由此決定了人們對你的態度。毫無疑問，上面的實驗中祕書們對服裝本身並沒有異議，但人們穿著的服裝標誌了代表的階層，這個標誌影響著他在社會上進行交往時留給別人的可信度、別人對他的態度和在需要與人配合時的效率。

有一位由英國歸來的年輕人，把兩個人創業的小 IT 公司發展到上百人的網路公司。公司飛速發展，也在無形之中改造著他原有的「瀟灑」的形象觀念。在與美國投資方多次談判

第一章　有好習慣才有好氣質

後，他發現那些風險基金的管理者，與自己最大的不同就是外型的裝扮風格和精緻程度。雙方談的是數目不小的投資和融資上市，但他的年齡和外表卻顯得與這種商業操作不大相符，他常常感受到投資方的輕視。為了有效地交流，展示給投資方一個成熟、可信、穩重的管理者形象，他對自己的外型進行了改變。現在，這個四年前外表並不出眾的年輕人，已經完全改變了自己的「蓋茲」風格，儼然具備一個上市公司大股東的氣勢。

英國一位華裔投資商在 1999 年網路蓬勃發展的時代到一個小都市，和一位電腦天才會談投資。他說：「我怎麼也不能相信這位穿著休閒鞋、牛仔褲，頭髮如同乾草、說話結結巴巴的年輕人會向我要五百萬美金的投資，他的形象和個人特質都不能讓我信服他是一個懂得如何處理商務的領導人。」

比爾‧柯林頓（Bill Clinton）的夫人希拉蕊（Hillary Clinton），在柯林頓當選美國總統之前，曾是女權運動者。她的服裝無意識中就展示了女權運動者的形象，她戴著學究式的黑色寬邊眼鏡，穿著具有女權主義形象的大格子西服。這種形象違背了美國人心目中高貴、優雅、母性的第一夫人的形象，曾一度影響了柯林頓的選票。新的形象設計團隊順應美國選民的心理，以充滿女性韻味的色彩時裝代替了男性化的、乏味的女權主義服飾，為她設計了時尚的髮式；用隱形眼鏡換掉了迂腐的、學究式的黑邊眼鏡；用溫和改良主義的言辭代替了激進、

偏激的語言。希拉蕊的新形象接近了美國選民對於第一夫人的期望,她展示出的既有女性魅力又有女性的獨立、強大和智慧的第一夫人的形象,為柯林頓的政治形象增添了不可磨滅的光采。有些美國選民因對希拉蕊的喜愛而把選票投給了柯林頓。世界上許多成功者及領導者都很努力地在外表上把自己塑造「像個領袖」。

李嘉誠之子李澤楷的公司裡有四位副總裁專門負責公司形象和他的個人形象。什麼場合穿什麼服裝,表現什麼樣的風格,都有專門的團隊為其策劃。

一位製藥業的總經理,在 1970 年代末上大學時,就有著強烈的「領導意識」。他認為偉人具有散發著魅力的外型和舉止,他開始模仿一些偉人的舉止和儀態,透過練習腹腔發聲,他把自己原本沒有權威感的脆弱音質轉為具有磁性魅力的渾厚的男低音。1995 年他又有了國際領導人的新意識,他聘請形象設計師,為自己設計具有國際化的世界鉅賈形象。他完全接受國際化的商業形象理念,無論是西裝還是休閒服,他只穿能夠襯托一個領導者宏偉氣派的高品質、有品味的服裝,且不放過每一個細節。如今,無論在外型、口音、思考上,他都更像一位來自華爾街的金融家。

對於一個職場人士來說,平時要多注意在衣著服飾上下些功夫。穿一套有品味的服裝,會讓你顯得精神抖擻,同時還會給人留下一種幹練的印象。

第一章　有好習慣才有好氣質

　　內衣一定要衛生清潔。像襯衫、襪子是最容易髒的。尤其是襯衫，人們最注意它的衣領、袖口是否乾淨。如果一套筆挺的西裝，配上一個骯髒的衣領，人們一定不會感到舒服。襪子也是一樣，你坐著與人談話時，腳會不自覺地伸出去或翹上來，襪子也就會暴露在人前，如不乾淨與不整齊就會讓人反感。頭髮、牙齒、鬍子、臉也是應該經常整理的部分。頭髮不要過長，頭髮一長就容易雜亂。要按時理髮，讓自己保持一個有精神的髮型。要經常刮鬍子，鬍子過長感覺臉面不清爽。牙齒要經常刷，讓口中不要有異味。尤其出去談生意時，一定不要吃有異味的食物。認真苛求地對待自己的外表，也是你對對方的一種尊重。

　　要穿較好的服裝。服裝品質反映出一個人的經濟狀況，一個人的經濟狀況，又反映出一個人的能力。能幹的人經濟狀況不會太差，服裝就不可能太糟。根據這種常識，我們一定要穿有品味的服裝。我們所說的有品味服裝，是相對於你所處的環境與所接觸的人而言，只要在你經常接觸的環境裡算得上有品味就可以了。選擇服裝要注意品質的精良，做工考究，式樣莊重大方，不要穿著一些奇裝異服以免破壞形象。穿衣服還要注意搭配是否合理。不但服裝要講究，鞋子也要格外講究，不要只顧上不顧下。再來就是顏色搭配合理。什麼顏色的西裝配什麼顏色的領帶、襯衫等等都要注意，不注意就會讓人感到怪異。

即使由於經濟狀況的原因暫時還不能為高貴、典雅的穿著習慣投資，但起碼你可以讓自己保持整潔。整潔的習慣同樣可以反映出一個人勤奮、上進、讓人喜悅的形象。當你的經濟足夠充裕之後，你就可以用高貴、優雅的服裝來彌補你穿著形象的不足了。

外在形象很重要

美國著名形象設計師莫利曾對美國《財富》排名榜前 300 名公司的 100 名執行長做調查，97％的人認為懂得並能夠展示外表魅力的人，在公司中有更多的升遷機會；100％的人認為若有關於商務穿著的課程，他們會送子女去學習；93％的人會因面試者不適宜的穿著而拒絕錄用；92％的人會選用懂穿著的人做自己的助手；100％的人認為應該有介紹職場穿著的形象專書以供員工們閱讀。

雖然我們認為從外表衡量人是多麼膚淺和愚蠢的觀念，但社會上的人卻常根據你的服飾、髮型、手勢、聲調、語言等自我表達方式在評斷你。無論你是否願意，你都在留給別人一個關於你形象的印象，這個印象在職場中影響著你的升遷，在商業上影響著你的交易，在生活中影響著你的人際關係和愛情關係，它無時無刻不在影響著你的自尊和自信，最終影響著你的幸福感。

第一章　有好習慣才有好氣質

美國德克薩斯州立大學奧斯汀分校在對 2,500 個律師的調查後發現，形象甚至還影響著個人收入，外表形象有魅力的律師的收入高於其同事 14%。

英國著名的形象公司 CMB 對世界著名的 300 名銀行公司的決策人調查發現，在公司中位置越高的人越認為形象是成功的關鍵，越注重形象的塑造和管理，並且也願意雇用和提拔那些有出色的外表和能向客戶展示出良好形象的人。

西方有句名言：「你可以先裝扮成『那個樣子』，直到你成為『那個樣子』。」「看起來像個成功者和領導者」，在你的事業中會為你敞開幸運的大門，讓你脫穎而出。民主選舉時，由於你「像個領導」，人們會投你一票；提拔主管時，由於你「像個主管」，你會被上司和下屬接受；對外進行商務往來，由於你「像個成功的人」，人們願意相信你的公司也是成功的，因而願意與你的公司進行交易。

美國紐約州希臘求斯大學管理學系對《財富》前 1,000 個執行長的調查，96% 的人認為形象在公司聘人方面是極為重要的，尤其是對那些要求可信度高的工作和與人打交道的工作，如市場、銷售、銀行、律師、會計等等。

1960 年理察・尼克森（Richard M. Nixon）與甘迺迪（John F. Kennedy）美國總統選舉之爭中，老牌政治家尼克森似乎在資歷上占有絕對的優勢，但是卻忽略了對自己外表的包裝。以至於貴族家庭出身的甘迺迪評價他：「這傢伙真沒有品

味！」受到家族的影響，甘迺迪懂得如何利用自己的外在優勢獲取選民的信任。在他與尼克森的電視辯論上，年輕、英俊、風流倜儻的甘迺迪渾身散發著領袖的魅力，看起來堅定、自信、沉著，不僅能夠主宰美國的政壇，而且能平衡世界的局面。

在電視節目中的一個握手動作上，就讓一位政治評論家宣稱「甘迺迪已經獲勝」。當甘迺迪提出「不要問國家能為你做什麼，要問你能為國家做什麼」的口號時，激起美國人民上下一片的愛國熱潮。他是美國人理想的領袖形象。幾十年過去了，甘迺迪的形象一直讓人難以忘懷，是世界領袖的標準形象。柯林頓就是受到甘迺迪的影響，從小立志從政，他以甘迺迪為榜樣，終於成為美國總統。

在柯林頓的身上，正反兩面都有甘迺迪的影子。儘管他是美國歷史上醜聞最多的總統，但是他在每一次事件中都能夠安然過關，人們一次次由於他富有魅力的形象而原諒他的不檢點。相比之下，尼克森一次水門事件就被迫離開了白宮。

1980 年與 羅納德‧雷根 (Ronald Reagan) 競選總統的杜卡基斯（Michael Dukakis），是希臘籍的民主黨領袖，無論外表還是聲音，演講還是表演，在英俊、高大、富有感召魅力的雷根的襯托下，越發顯得「不像個領袖」，因而落選。而演員出身的雷根用自己的微笑、聲音、手勢、服裝及高超的演技，表現出一個具有迷人魅力的領袖形象，從而掩蓋了他在知識和智力上的不足。

第一章　有好習慣才有好氣質

　　傑出的政治家都深刻地認識到「看起來像個領袖」在選民中的重要影響，都聘有形象設計師及社交高手、社會心理學家來為他們塑造一個能表現自己的最佳形象風格，對自身影響形象的任何一個因素，包括對服飾、髮式、聲音、手勢、姿勢、表情等都精心地設計。

　　在西方政治家競選時，競選人的幕後策劃團隊裡四個最不能夠缺少的專業人才之一就是形象設計師。他們的目的就是要讓競選人看起來就像是個能夠勝任領袖職位的人。如果看起來不像個領袖，無論你的政治觀點多麼深入人心，也會失去很多追求「魅力領導人」的選民。這樣的例子在西方的商業界也數不勝數。因為他們深刻理解「看起來像個成功者」的形象對事業的促進作用。成功者如果忽略了對自己外在形象的維護，讓自己看起來不像個成功的人，那麼是難以得到別人的尊重的。

　　那麼形象到底是什麼？形象，並不是一個簡單的穿著、外表、長相、髮型、化妝的組合概念，而是一個綜合的全面特質，一個外表與內在結合的、在流動中留下的印象。形象的內容寬廣而豐富，包括你的穿著、言行、舉止、修養、生活方式、知識、家庭出身、住處、車子、和朋友圈等等。它們在清楚地為你下著定義 —— 無聲而準確地講述你的故事 —— 你是誰、你的社會地位、你的生活型態、你的發展前途⋯⋯形象的綜合性和它包含的豐富內容，為我們塑造成功的形象提供了很大的進退空間。

加拿大某保險公司人事部門主管，談到形象在面試中的重要性時，他說：「這是至關重要的。我們的職業代表著公司的形象，員工的形象反映著我們的產品品質。」當被問到什麼是他們認為可信的形象時，他回答：「能展示出自信、可靠，知道自己在做什麼，整潔的外表，合乎身分的舉止。」他們認為員工的形象最重要的是擁有：

- 溝通交流、公開演講、流利的口才、出色的文筆；

- 出色的外表形象包括穿著、搭配、個人衛生、髮式、指甲、體型、禮儀等等。　倫敦商學院的著名行為心理學家尼克森教授說：「人們用三個概念描述成功的領導者 —— 性格、能力、形象。」因為「社會上的人在自己的大腦淺意識已為成功者設立了模式」，而「現在的管理界有意回避對領導的外型研究，這是不符合現代管理思想的」。他形容人們期望「領袖有著傑出的優勢，他高大、有魅力、有漂亮迷人的音質、有自信的手勢、能充分利用身體語言進行溝通和交流」。

在心理學家對成功領導者的調查中，人們普遍認為成功的領導者「看起來就像領導人」。西方心理學家們對魅力領導人和成功者的研究結果，為追求成為領導的人提供了豐富的參考價值，幫助無數嚮往成功的人少走了多少彎路，節省了多少時間。

這個研究結果同樣適用於我們。它給我們直接的啟示就是，你需要習慣性的、有意識塑造你的個人形象。

　　開始時要想樹立成功者形象也許是最難的，因為有許多需要考慮的問題，但是人們還是應該優先考慮樹立形象的問題。因為，從一無所有的地基上樹立起一個成功者形象，要比容忍、一個惡劣形象的發展好得多，這就好像在一片空曠的土地上建起一座新樓要比先推倒一座舊樓再建新樓容易得多。

養成舉止優雅的習慣

　　優雅的舉止是人全部活動的基礎，舉止的本質是人的風情，姿是風姿，態是情態。就像李漁說美人，沒有姿態的美人，她的美雖然有十分也要減至 2 － 3 分，而有姿態，雖算不上美人，但美可增至 7 － 8 分。

　　這個意思很像現在流行的一句話：「女人因可愛而美麗，非因美麗而可愛。」可愛就是有風姿有情態。人的姿態是性情、教養的表現。

　　2001 年的奧斯卡頒獎典禮，明星們的修養、風度，透過他們的姿態與舉止一覽無餘。

　　大多數北美的明星們讓人失望，整體上，這些明星們缺少「明星味道」，缺少「派頭」。他們和記者講話時令人訝異沒有風度，姿勢是散漫的，動作隨意，說話口齒不清，聲音飄忽

沒有中氣。整個人沒有「神」。從肢體語言可以看出，甚至有些人是沒有受過專業的舞蹈訓練和舞臺演出訓練。早期好萊塢的很多明星從影前都有嚴格的舞蹈訓練和舞臺演出經驗。先是戲劇演員，然後才是電影明星。現在的明星一方面雖然沒有架子，沒有裝模作樣，但是另一方面身為明星「美人」，沒有專業魅力，未免讓人失望。似乎整個北美社會圈的規矩就是沒規矩、沒派頭，社交禮節上隨便，端看各人喜好。

但是，依然有明星為人們展示了一個彬彬有禮的紳士風采。

· **氣派的華人演員**：2000 年的好萊塢之夜華人身影頻繁。好萊塢有個慣例：安排頒獎給當年未獲提名的好電影的演員，這是非正式的褒獎。周潤發就是一個。他出場時一身黑西裝，高個子，含笑低頭，姿態灑脫地往麥克風走去，手上拿著白色的信封擺一擺，空著的手揣在褲兜裡 —— 和香港電影裡的小馬哥一樣！帥氣與瀟灑的結合，傳統紳士的化身，讓他獲得全場掌聲。他一笑，仍然看著地板，側對觀眾，略抬起小臂把手上的信封揮了揮，對觀眾致意。就是這小動作地一揮手，這對著地板的笑，讓周潤發身上散發出濃濃的紳士風采。而美國明星們則往往會很隨意地對觀眾連聲謝謝，高喊我愛你（們），振臂，鞠躬，飛吻。

· **「灰」色的黑人演員**：丹佐·華盛頓（Denzel Washington），好萊塢最有影響力的黑人演員。他是一個嚴肅的專業演員，

成名已久。在和記者短暫交談中，記者們馬上可以看出丹佐沒有其他白人男星那麼放鬆，他姿態嚴肅，沒有一絲馬虎。

優雅的舉止不是天生就有的，而是要靠在日常生活中一點一滴地培養、累積起來的，只要有意的鍛鍊和培養，任何一個人都是可以做到的。

如果你想成為一個風姿卓越的人，姿態訓練是必不可少的。要注意從平時細微的動作開始來要求自己。一些訓練課程所學，要能在一些沒有功利性的場合上自然的呈現，而非特意用在某種場合，倘若這樣，將會讓你成為一個做作的人。訓練要溶入到你的潛意識裡，完全變成自己的需要習慣。時間長了，個人的性情也會慢慢融合進去，美麗的姿態就完全屬於你了。

1. **站姿**：正確的站立姿勢應該是 —— 抬頭，挺胸，收腹，兩腿稍微分開，臉上帶有自信，也要有一個挺拔的感覺。

   - 由骨盤到背脊，必須保持挺直，不可彎腰駝背。
   - 頭部要正，下顎微後縮，視線與眼睛同高。
   - 男士站立時，雙腿可斜微開，兩臂自然下垂，掌心向內，五指微彎曲成半握拳狀。
   - 女士站立時，兩腿宜靠攏，腳跟併攏，鞋尖微向外張開。如果站立休息時，可採取兩腳交叉法，即以一腳當支點，另一腳腳跟向內側斜交於後方，此姿勢不易疲勞且優美動人。

2. **坐姿**：正確的坐姿是你的腿與基本站立的姿勢相同，後腿能
   夠碰到椅子，輕輕坐下，兩腿膝蓋要併攏，不可以分開，腿
   可以放中間或放兩邊。如果要蹺腿，兩條腿須是合併的；如
   果裙子很短的話，一定要小心蓋住。

   · 坐下時，應慢慢坐，不可發出聲響。

   · 坐下時，上身要挺直，不可左右晃動。背部和椅背平
     行，雙手自然平放於雙腿上或扶手上，不過女士不宜將
     手置放於扶手上。

   · 雙腳與雙腿間之角度以垂直九十度為標準，尤其是女士
     採取此姿勢最美。

   · 男士坐姿雙腳自然平放，可稍微分開約十～廿公分，但
     不宜張開太大。至於女士則以雙腿併攏，兩腳稍微下斜
     後方微縮，但鞋尖需方向一致。

3. **走姿**：正確的走姿是 —— 抬頭，挺胸，收腹，肩膀往後
   垂，手要輕輕地方在兩邊，輕輕地擺動，步伐也要輕輕的，
   不能夠拖泥帶水。

   · 走路時，雙肩要平穩，兩手自然擺動速度不疾不慢，絕
     對不可手插入口袋，或邊走邊吃東西。

   · 走路時，抬頭挺胸，以腰力行走，不可拖著沉重腳步或
     以八字腳行走。

- 走路時，雙腿宜直，邁步前進，眼睛平視，不可東張西望，容貌安詳，心情愉快。
- 女士穿裙子時，走路宜成一直線，裙下擺需與腳之動作相互配合，此姿勢才較優美。
- 女士穿長褲時，走路可成二直線，與男士同，不過步伐宜較穿著裙裝時稍微加大步幅，如此才顯得有活潑朝氣。

　　體態無時不存在於你的舉手投足之間，優雅的體態是顯示人有教養與充滿自信的完美表達。美好的體態，會你看起來年輕的多，也會使讓身上的衣服顯得更漂亮。善於用你的肢體語言與別人交流，你定會受益匪淺。

　　剛開始培養體態習慣時，你可能會顯得有些刻意、不自然，但不必擔心，時間長了，你自然會越來越自然。個人優雅的姿態，不是為了別人，僅僅是自己要想好，而它最終將昇華你的生命品質。

談吐不凡的個人魅力

　　談吐是判斷一個陌生人的社會地位、生活、成長背景和可信度的最有效的工具。談話的內容和技巧也是一把衡量人的真實品格的尺。通常人們能從交談中了解你的思考方向和個人修養，不論你有多大的成就，你的財富有多少，你的教育有多高，你的言談生動地描述著你的故事，一筆一筆地勾勒著你的

形象。你所選用的語法、詞彙、語音、口音等等，都在人們的腦海中呈現出你的背景。

美國作家約翰·布魯斯克在《格調》一書中精闢地闡釋了人在言談中常會在揭露我們的成長祕密，「一個人的言談永遠是他的家庭背景和社會地位的告示牌。」

「語言最能表現一個人。你一張口，我就能了解你！」這是另一位美國作家本·瓊生（Ben Jonson）在 17 世紀對交談揭露祕密的所下結論。哲學家巴爾塔沙·葛拉西安（Baltasar Gracián）在他的《智慧書》中警告：「沒有一種人類活動像說話一樣需要如此謹慎小心，因為沒有一種活動比說話更頻繁、更普通，甚至我們的成敗輸贏都取決於此。」古人也含蓄地告訴我們：「聽其言，知其人。」

讓你的談吐不凡起來，這是一種受益的好習慣。這種習慣將為你贏得許多個人形象分數。

大多數人都願意與談吐不凡的人交往，因為與熟稔說話藝術的人交談，簡直就是一種享受。娓娓道來的聲音就像音樂一樣，鑽進我們的耳朵，打動我們的心靈，或讓人精神振奮，或給人安慰。

無論在什麼場合，如果你能夠表達清晰、用詞簡潔，再加上抑揚頓挫、娓娓道來的語調，就能夠吸引聽眾、打動別人。這是你的祕密武器，可以在不經意中成為你事業成功的助力。如果你善於辭令，再加上周到的禮節、優雅的舉止，在任何場

合，你都會暢通無阻、受到歡迎。人們都喜歡與這樣的人交往。

有個傳道的牧師，在一次為非洲熱帶的土著宣講《聖經》時，人們都在聚精會神地聽著，當他念到「你們的罪惡雖然是深紅色，但也可以變成像雪一樣的白」這句話時，他一下子楞住了。這時牧師就想，這些常年生活在熱帶的土著，他們怎麼會知道雪是什麼樣子和什麼顏色呢？而他們經常食用的椰子肉倒是很白的。我何不用椰子肉來比喻呢？於是，機靈的牧師便將《聖經》詞句改念為：「你們的罪惡雖然是深紅色的，但也可變成像椰子肉一樣的白。」

「雪白」雖然很形象，但「椰子肉的白」也很形象。而這位機靈的牧師只用了後者，卻把這個資訊已經有效地傳給了土著。這就讓他的講話先有了戲劇性的效果。

在日常生活中，不管是偶爾才能派上用場的特殊技巧，還是隨時隨地都需要運用的能力，有哪一個的作用可以和語言能力相比嗎？人們願意窮其一生去學習科學、文學和其他各種知識，卻忽視了語言能力的訓練和提高，這常常讓他們顯得木訥呆板。在自己的專業領域有很高的造詣，在社交場合卻羞於開口，沉默不語，像一個無足輕重的人，還有比這更令人沮喪的嗎？看到那些才能不及自己十分之一的人，在公眾場合滔滔不絕，自己卻靜靜地坐在一旁，只能洗耳恭聽，心裡能平衡嗎？你們的區別在於，他平時注意培養自己的語言表達能力，他已經讓自己養成了一種良好表達的習慣，而你卻沒有這樣的習

慣，甚至沒有這樣的意識。

從今天開始培養自己的談吐吧！這種培養是可以輕而易舉做到的。善於辭令者說話時，不僅常用視覺和聽覺性語言，同時，他們也善於不失時機、恰到好處地運用其他感覺形式的語言，即味覺、嗅覺和觸覺性語言。

如三國時的曹操，在一次行軍途中，對那些口渴難忍的士兵說：「前面有梅林，可以摘梅子吃。」運用的就是能引起士兵「酸」的味覺的語言。

形象性的語言聽眾容易理解接受。不管胸存何種雄心壯志，首先得掌握駕馭語言的能力，有讓人羨慕的好口才。你也許不能成為律師、醫生或商界菁英，但你每天都要說話，也須要運用語言的獨特力量。在培養這方面的能力時，一個重要的途徑就是：花費一些時間和精力研究修辭，留心相同意思的不同表達，讓自己的用詞更豐富、談吐更優雅。還要盡力增加自己的詞彙語量，隨時查閱工具書，注重平時的累積。這也是一個自我教育的過程，對自己的成長很有幫助。如果你詞彙語量少得可憐、思想貧乏、閱歷有限，是無法做到口才出眾、談吐優雅的。

渴望建功立業的年輕人，應該掌握談話的技巧、提高駕馭語言的能力。在各種場合，做到談吐優雅、從容不迫、應付自如。能夠讓別人對自己感興趣，這本身就是一種很高的修養，值得每一個年輕人努力。要想做出一番成就，就要提高自我表達能力，這會讓自己受益無窮，可以稱得上是一生的財富。

具有陽光般的笑容

心理學家發現，笑和興奮的情緒都能刺激大腦的快速思考，啟用還未被使用的大腦區塊，有助於開拓思路和自由聯想。笑還能提高人的記憶力，因為人的記憶力隨心理狀態而波動，愉快的心理會容易讓你記住很多事。研究證明，1 分鐘的笑能產生 45 分鐘的放鬆作用。生活在幸福中的人最大的特色就是他們總是那麼輕鬆、愉悅，他們總是笑容滿面。

更重要的是，笑能讓頭腦清醒而且心胸寬闊，認識、包納複雜的局面和人際關係。笑也影響著情緒的狀態，在做計劃或決策時，只要心情愉快，態度也會積極樂觀，因而做出的決定也充滿希望。

拿破崙‧希爾（Napoleon Hill）講過一個故事：「有一天，我的車停在十字路口的紅燈前，突然『砰』的一聲，原來是後面那輛車的駕駛員的腳鬆開剎車器，他的車撞了我車後的保險桿。我從後視鏡看到他下來，也跟著下車，準備痛罵他一頓。

但是很幸運，我還來不及發作，他就走過來對我笑，並以最誠摯的語調對我說：『朋友，我實在不是有意的。』他的笑容和真誠的說明把我融化了。我只有低聲說：『沒關係，這種事經常發生。』轉眼間，我的敵意變成了友善。」

陽光般的笑容不僅能治癒自己的不良情緒，還能為你的形象加分。如果你真誠地向一個人展顏微笑，他實在無法再對你

生氣。在大多數情況下，具有陽光般笑容的人，也往往具有較強的親和力。

有太多人已經忘掉如何開懷大笑。人的年齡愈大，有時甚至忘了以前是否笑過。歡笑是他們童年生活的一部分，但他們已經記不起來了。

你見過一個快快樂樂的嬰兒嗎？他爬在地上，拿起一個玩具，塞入嘴中，然後把它吐出來，高興地咯咯直笑。當他笑的時候，他把嘴張得很大，表現出一種純粹而天真的喜悅。小嬰兒絕不虛偽，他抬頭望著母親，整個臉孔都是笑意。如果做母親的逗著他玩，他更會笑個不停，高興地拍著手，高興地在地上爬來爬去，直到他看到另一件引起興趣的東西時，他又會笑個不停。

為什麼孩童有著歡笑的習慣而我們成年人沒有呢？因為成年人的需求要比小嬰兒複雜得多。當一個成年人需要某樣東西時，他必須更有耐心、更努力去爭取，然後可能因為妥協或失敗而無法得到他真正希望的東西。成年人的生活通常是很現實的，且經常令人感到失望。

然而歡笑能使世界充滿快樂，當你習慣每天笑口常開時，你的心情自然充滿陽光。我們都會在某些時候感到十分高興，這時我們應該盡量利用並且與他人共用，同時賦予它一份精神與完美，使它能夠更為持久。學著再度歡笑吧！使自己像個快樂的嬰兒一樣單純。

第一章　有好習慣才有好氣質

　　有時候，當你對某件失敗的事情感到沮喪時，不妨想想過去的成就，以及發生在別人身上的一些有趣的事，再把頭往後仰起，然後哈哈大笑，把你的全部感情投入笑聲中，或許你會覺得好過些。

　　根據《亞洲時代報》之前的報導，國際奧會將認真考慮承認笑出健康協會為屬下會員之一，並可能把大笑列為奧運賽項。

　　以印度孟買為基地的笑出健康協會會長馬丹·卡塔利亞（Madan Kataria）表示，他們已寫信給國際奧會，希望他們把大笑列為奧運比賽項目。他透露，國際奧會的回信中指出，他們將認真考慮笑出健康協會的要求。

　　大部分人都知道笑能給自己很實際的推動力，它是醫治信心不足的良藥。但是仍有許多人不相信這一說法，因為在他們恐懼時，從不試著笑一下。

　　我們常聽到：「是的，但是當我害怕或憤怒時，就是不想笑。」當然，這時任何人都笑不出來。竅門就在於你強迫自己說：「我要開始笑了。」然後，笑。剛開始，笑的習慣是強迫自己的，當這種習慣形成自然的時候，你會被自己感染。

　　培養你的快樂習慣吧！讓一個完美的笑容時常掛在你的臉上吧！微笑和大笑可以治癒自己和別人的不良情緒。經常微笑和大笑的人往往是充滿自信的人。要想提升領導力，一定要學會控制、運用笑的能力。

養成哈哈大笑的習慣。咧嘴大笑，你會覺得美好的日子又來了。笑就要笑得「大」，半笑不笑是沒有什麼用的，要露齒大笑才能有功效。

具有感染力的肢體語言

很多人相信身體語言揭示人的內在世界比語言表達得更真實、更可信。也許你還沒意識到你的每一個動作會有這麼大的影響，但是不要忘了，每個觀察你的人都是業餘心理學家，他們會無時無刻地、準確地分析你的每一個動作，正如我們每時每刻都在分析別人一樣。

無論你是進入會議室，還是宴會廳，無論是高爾夫球場，還是董事會，你的身體語言都已經悄然地和別人進行交流了。透過你的走路姿勢、站姿、坐姿、神態、表情、目光、進門的儀態、告別的姿勢等等，你已經用無聲的、豐富的語言在告訴人們你是誰、你有什麼心態，你是領導者、還是被領導者，是對生活充滿自信的成功者、還是消極對待人生的失敗者。

一位剛剛畢業的林先生在參加某外商公司的招聘面試時，主考官讓他將椅子挪近一點坐時，他並沒有在意，放椅子時發出了較大的響聲，結果他失去了這份工作機會。事後，這位林先生深有感觸地說，「我當時把應聘可能考慮的細節全都注意了，當時衣著整潔乾淨，自薦文件製作精美，回答問題也可以說是乾淨俐

落，但萬萬沒有想到主考官要我挪椅子竟然是一種考法。」

有位心理學學者認為，身體語言可以用於理解交流者之間的關係、條件和處境，是職業型的、親朋型的，還是上下屬、師生或其他的關係。透過身體語言我們可以表達語言所不能表達的內容，尤其是與那些位置高於我們的人交流時，身體語言可以展示我們自己，縮短我們之間的距離，身體語言是多麼的微妙！

目前，有許多公司在招聘自己需求的人才時，都設置了一定的「門檻」，他們不僅要求人才具備較高的學歷、專業知識以及技能，同時還要求人才具有較好的修養和心理特質。肢體語言的魅力提醒許多求職者在面試時要格外注意某一個細節。

一位應屆畢業生在應聘一家廣告公司時，就掌握了這點，事後他詳細描述面試情況，「應聘與談判不同，不能眼睛直視對方，這樣會讓對方產生一種戒備心理，不利於面對面地進行交流和溝通。因此，面試時，我的眼睛通常只盯住對著主考官鼻尖下方到嘴唇上方的那個部位，這樣，對方在說話時我能夠注意集中力去聽，並能夠快速地思考，做到準確及時地回答問題；而且我的表情不會有所拘謹，始終保持自然，再不時配以真誠的微笑，表示我對他所說的話能夠理解和認可，結果我們之間談得很融洽，應聘很順利。」最後，這位應屆畢業生很順利地進入這家公司。

身體語言，這個最近三十年才發展起來的學科，讓領導者

掌握了新的領導藝術。在西方的商業領域和政治領域，領導者深刻理解身體語言在領導中的作用，他們的需求為身體語言的培訓提供了廣闊的市場。有位美國作家將身體語言的領導作用描述如下：「當我經過一個昂首、收下顎、放平肩膀、收腹的人面前時，他對於我來說是一個激勵，我也會不由自主地站直。」

因此，很多大人物都會將身體語言的培養當作一項重要的功課，正是這種良好而有意的訓練，才造就了他們優雅的舉止。

在黛安娜葬禮的電視節目中，大家會很快地區別出皇室人員和非皇族的社會名流。因為皇族成員從小就經受了正規、傳統的皇家標準禮儀訓練，每個人舉止都流露著自豪、高貴和優雅。無論你多麼不喜歡查爾斯王子，但不得不承認他確實能夠從普通人中脫穎而出。他沒有太多的動作，但是他與眾不同。他的雙手永遠不會防範地放在腹前，而這個微妙的動作，可以把久經風雲的大政治家、皇族們和普通人區分開，把一個自信的人和一個靦腆的人區分開。

英國首相溫斯頓·邱吉爾（Winston Churchill）有一個經典手勢 ———— 「V」。比如他在當選首相的時候，在發表演說的時候，在盟軍登陸諾曼第的時候，在納粹土崩瓦解的時候，他總是喜歡伸出食指和中指，做出一個豪邁的「V」形手勢。現在「V」形手勢已成為世界通用的手勢了。正如他的夫人克萊門汀（Clementine Churchill）於 1953 年 12 月 10 日

第一章　有好習慣才有好氣質

代邱吉爾先生領取諾貝爾文學獎時所說：「在黑暗的年代裡，他的言語以及與之相應的行動，喚起了世界各地千百萬人們心中的信念和希望。」

法國總統夏爾・戴高樂（Charles André Joseph Marie de Gaulle）在發表演講時總是聳起肩做出要抓住天空的手勢，用來煽動人們的情緒。這種利用代表各種「表情」的手勢來增強說服力的方法並不只限於政界或演講中，在商業活動或日常的人際交往中要想增強說服力或得到對方肯定時，手可以說是一個十分重要的「小道具」。

無論是歐洲的首相，還是歐洲的皇族，都告訴我們，富有藝術力的肢體語言，優雅的舉止，是可以訓練出來的。訓練肢體語言，意味著矯正一種散漫的壞習慣，養成一種得體、有度的好習慣。

你不妨參加身體語言培訓班，這樣，就能學到一些肢體語言的常識，例如，以下這些我們可以利用的身體語言：

1. 傾聽時，把手指放在臉頰 —— 評估和分析對方所說的話。
2. 手放在下巴上 —— 考慮你的意見。
3. 雙手手指互對並指向上方 —— 展示出自信。
4. 雙手手掌互貼 —— 說服你，請求你。
5. 眼睛迅速上挑 —— 對你所講的很興奮。
6. 雙手互搓 —— 積極參與。

眼睛直視對方眼睛，會讓對方覺得渾身不自在，如此便無法很愉快的談話了。在與對方面對面交談時，你可以把自己的感情認真地傳達給對方，更或者你認為對方是個令你討厭且想敬而遠之的人時，你的這種感情也會傳達給對方知道。這就是為什麼面對面交談必須站在稍稍旁邊的位置上講話的緣故。如果你站的位置，正好是這個位置的話，那麼，你一定會覺得談話出乎意料的順暢。

再者，有時拍拍肩、強力的握住對方的手等等，這些動作都能使對方倍感親切。尤其是，對方比自己年長時，或者對方是自己的主管時，如果你想要好好的把自己的感覺傳達給對方的話，那麼，你應該站在對方的正面稍微斜一點的地方，如此必能緩和緊張的氣氛，談話便得以順利進行。

交談時，與對方的相對位置、距離想要表達自己的感覺、或者想要抓住對方的心的話，兩人之間的位置和距離的影響非常大。例如，面對面說話，和稍微靠在對方的旁邊並排說話，這兩種位置的感覺，是截然不同的。

對於追求成功的人來說，養成充分運用身體語言提高自己的習慣是多麼的重要。

讓表達自己成為一種習慣

古希臘醫生希波克拉底（Hippocrates）曾把人的氣質的四種分類：

一是多血質。多血質類型的人輕率、活潑、好事，喜歡與人交往，面對困難不會退縮，不會記恨。很容易答應別人的事情；也很容易忘記了和別人的約定。有面對困難的勇氣，但看事情不妙時，也會開溜。能夠調整自己的喜怒哀樂，隨時保持心理平衡和往前衝刺的狀態。一旦成功或受別人讚賞，就樂不可支。

二是黏液質。黏液質類型的人安靜、漫不經心、散漫、邋遢等。相對於黃膽汁質類型的人一受刺激就哇哇大叫，黏液質類型的人則非常遲鈍或冷淡。不過，雖然行動緩慢，這類型的人通常誠實且值得信任。由於個性平淡，工作緩慢，所以不太容易緊張，反之，則有做事遲緩、不修邊幅、喜好享樂等毛病，可以說這類型的人多半有些利己主義傾向。

三是黑膽汁質。黑膽汁質類型的人比較趨向於穩重、沉鬱，經常只看到人生的黑暗面。他們多半避免送往迎來的交際活動，也不喜歡和外向活潑的多血質類型的人在一起。甚至看到別人歡天喜地樂不可支時，反而會不高興。這類型的人一遇到困難常常心理失去平衡，一旦心情不好，便久久無法恢復正常。

四是黃膽汁質。黃膽汁質類型的人對於情緒的刺激非常敏

感，意志容易動搖，沒有耐心，情緒忽冷忽熱。這類人喜歡參加各種活動，但想法常常改變，只有三分鐘熱情。這類型的人不喜歡被壓抑，喜怒哀樂的表現非常明顯。不過，他們不像黑膽汁質類型的人容易保持某種心情，不論悲傷或憤怒都是來得快去得也快。

在這個越來越開放的資訊社會，那些開放自己、善於表達自己的人越來越受人歡迎，而那些封閉自己的內向氣質的人，則越來越受到人們的冷落。

卡內基先生曾講過這樣一則故事：

一位英國人失業後沒有錢，走在費城街道上尋找工作。他走進當地一位知名商人保羅‧吉彭斯的辦公室，要求與吉彭斯先生見面。吉彭斯先生以信任的眼光看看這位陌生人。他的外表顯然對他不利。他的衣衫襤褸，衣袖底部已經磨光，全身上下到處顯出寒酸樣。

吉彭斯先生一半出於好奇心，一半出於同情，答應接見他。一開始，吉彭斯只打算聽對方說幾秒種，但後來這裡幾秒鐘卻變成幾分鐘，幾分鐘又變成一個小時，而談話依舊進行著。談話結束之後，吉彭斯先生打電話給出版公司的費城經理羅蘭‧泰勒，而泰勒則邀請這位陌生人共進午餐，並為他安排了一個很好的工作。

這個外表潦倒的男子，怎麼可以在這樣短的時間內影響了兩位重要人物？其中的祕訣就是：他有很強的表達能力。

第一章　有好習慣才有好氣質

　　事實上，他是牛津大學的畢業生，到美國來從事一項商業專案。不幸這項專案失敗，他被困在美國，有家歸不得，既沒有錢，也沒有朋友。但他的英語說得道地又漂亮，聽他說話的人可以立刻忘掉了他那沾滿泥巴的皮鞋、襤褸的外衣和那滿是鬍鬚的臉孔。他的言談詞藻立即成為他進入最高級商界的護照。

　　這名男子的故事多少有點不尋常，但它說明一項廣泛而基本的真理，那就是：我們的言談隨時會被別人當成評斷我們的根據。我們的言語顯示我們的修養程度，它能讓聆聽者知道我們的出身，它是教育與文化的象徵。

　　然而，有很多人糊裡糊塗地度過一生，離開學校後，不懂得努力增加自己的辭彙和掌握各種字義。他們習慣於使用那些已在街頭及辦公室使用過度及意義虛幻的辭句，談話缺乏明確性及特點。難怪有些大學畢業生甚至操著市井流氓的口頭禪，經常發音錯誤，或是弄錯語法。如果連大學畢業生都犯這種錯誤，我們又怎能期望那些因經濟能力不足而受教育時間不常的人可以更好呢？

　　讓表達自己成為一種習慣，一定要學會讓其他人了解自己的看法。這樣你就會發現，你會在不知不覺中會戰勝怯懦。卡內基的一生幾乎都在致力於幫助人們克服談話和演講中畏懼和膽怯的心理，培養勇氣和信心。無數人在他的訓練中受益。人們感謝卡內基為他們早就了一種擁有精采人生的好習慣。

　　一旦你熱衷於表達自己的意思時，哪怕是格局有限，你也會開始搜尋自己的經驗，做為可談話的資料，這樣，奇妙的事情就會發生了：你的視野開始擴展，你看到自己的生命有了新的一層意義。

養成傾聽自己內心聲音的習慣

　　繁忙緊張的生活容易使人心境失衡，如果患得患失，不能以平靜的心靈面對無窮無盡的誘惑，就會感到心力交瘁或迷惘躁動。唯有平靜的心靈，才不眼紅權勢顯赫，不嫉妒金銀成堆，不乞求聲勢鵲起，不羨慕美宅華第。因為所有的眼熱、嫉妒、乞求和羨慕，都是一廂情願，只會加重生命的負荷，加速心力交瘁，而與豁達康樂無緣。

　　老街上有一鐵匠鋪，鋪裡住著一位老鐵匠。由於沒人有打製鐵器的需求，現在他改賣鐵鍋、斧頭和拴小狗的鐵鏈。

　　他的經營方式非常古老和傳統。人坐在門內，貨物擺在門外，不招呼，不殺價，晚上也不收攤。無論什麼時候從這裡經過，你都會看到他在竹椅上躺著，手裡是一臺收音機，身旁是一把紫砂壺。

　　他的生意也沒有好壞之說。每天的收入正好夠他喝茶和吃飯。他老了，已不再需要太多的物質生活，因此他非常滿足。

　　一天，一個古物商人從老街上經過，偶然看到老鐵匠身旁

的那把紫砂壺，因為那把壺古樸雅致，紫黑如墨，有清代製壺名家戴振公的風格。他走過去，順手端起那把壺。

壺嘴內有一記印章，果然是戴振公的。商人驚喜不已。因為戴振公在世界上有捏泥成金的美名，據說他的作品現在僅存 3 件，一件在美國紐約州立博物館裡；一件在臺灣故宮博物院；還有一件是泰國某位華僑在 1993 年在倫敦拍賣市場上，以 16 萬美元的拍賣價買下的。

商人端著那把壺，想以 10 萬元的價格買下它。當他說出這個數字時，老鐵匠先是一驚，後又拒絕了，因為這把壺是他爺爺留下的，他們祖孫三代打鐵時都喝這把壺裡的水，他們的汗水也都流自這把壺。

壺雖沒賣，但商人走後，老鐵匠有生以來第一次失眠了。這把壺他用了近 60 年，一直以為是把普普通通的壺，現在竟有人要以 10 萬元的價錢買下它，他回不了神。

以前他躺在椅子上喝水，都是閉著眼睛把壺放在小桌上，現在他常要坐起來再看一眼，這讓他非常不舒服。特別讓他不能接受的是，當人們知道他有一把價值連城的茶壺後，總是擠破門，有的問還有沒有其他的寶貝，有的甚至開始向他借錢。更過分者，晚上推開他的門。他的生活被徹底打亂了，他不知該怎樣處置這把壺。

當那位商人帶著 20 萬元現金，第二次登門的時候，老鐵匠再也坐不住了。他招來左右店鋪的人和前後鄰居，拿起一把

斧頭，當眾把那把紫砂壺砸了個粉碎。後來，老鐵匠仍是賣鐵鍋、斧頭和拴小狗的鐵鏈。

平靜可以沉澱出生活上許多紛雜的浮躁，過濾出淺薄草率等人性的雜質，可以避免許多魯莽、無聊、荒謬等事情發生。平靜是一種氣質、一種修養、一種境界、一種充滿內涵的悠遠。安之若素，沉默從容，往往要比氣急敗壞、聲嘶力竭更顯示出涵養和理智。

當生活變得乾涸乏味，當飢渴的心靈覺得必須要好好審視自己的時候，請試著安靜下來傾聽真實的願望。讓內心的聲音自由表達關於幸福、美麗和夢想的意義，體會生命之泉幫心靈注入的希望和活力。這種傾聽能幫助困境中的人們擺脫似乎已停滯不前的生命之舟，帶他們跨入人生的另一階段，讓他們再度體驗生命的甘美。

人可以成為自己的心理諮商師。在內心的聲音發出呼喚的時候，鼓起勇氣回應它，突破現有的舒適的界限，嘗試新的願望和冒險，承當由此而來的責任，體驗新的高峰的回饋，體驗豐富了的生命的內在樂趣，體驗每一個微小瞬間的絕對微光。

所以，別讓內心的聲音徒勞地呼喊，靜下來，傾聽自己的真正願望吧！內心的聲音在訴說什麼呢？它始終如一提醒我們的，乃是我們內心最真實、最持久的願望和要求。我們到底想得到什麼？我們最關注、最在乎的東西是什麼，內心的聲音都在以一種默默的堅持提醒我們。

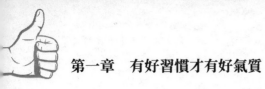

第一章　有好習慣才有好氣質

第二章
好習慣展現好修養

　　良好的習慣有利於合理安排人們生活、學習時間，從而提高效率，所以養成良好的習慣對自己是十分重要的。培養生活習慣的同時，也要注重到我們的修養。「金無足赤，人無完人」，每一個人都不是完美的，但我們可以透過自身努力培養、鍛造出一個近乎完美的人，而起點便是從培養良好的習慣和修養開始。

養成誠信正直的好習慣

美國文豪馬克‧吐溫（Mark Twain）說過：「當你處在進退兩難的境地時，就誠實地說出雙方擁有的最有價值的東西。」如果你發覺他人正走向一個錯誤的方向，你就應該毫不猶豫地加以阻止，即使他不可能接受你的勸告，你也要表示出自己的誠實。你會因為說出真話而覺得心胸坦蕩。

有些謊言有時並沒有什麼惡意，也不會造成什麼危害。但是，久而久之就會養成撒謊的習慣，進而變成根深蒂固的劣性，你的心靈也將漸漸被黑幕掩蓋。相反，誠實的人會逐漸形成寬容博大的胸懷。因此，養成誠信正直的習慣是讓自己獲得別人信任和尊敬的最有效的方法。

雖然你可以由於優雅的風度、仁慈的行為、豐富的知識，或者其他美德，贏得他人的尊敬。但是，一旦你有謊話被拆穿，所有的優點就會煙消雲散。只有習慣性地真誠坦露自己的心靈，做到誠實無欺，才能贏得別人的尊重和依賴。

養成誠信正直的習慣，當一個可以依賴的人，那麼你的一舉一動都是誠實可靠的，沒有見不得人的地方。對自己的工作積極主動，盡心盡力，你會理所當然得到升遷和獎勵的回報。

在工作中，許多人以為撒個小謊無傷大雅，從而抱著無所謂的態度，結果卻十分糟糕。如果你也是這樣想的，你會由此對工作不再認真，對公司和自己的工作不再忠誠，隨之而

來的，你會失去誠實正直者所應得的回報。因此，永遠都不要說謊，只有這樣，你的心靈才能保持純潔，才能養成自律的習慣，工作和生活的環境才會變得平靜平和。

假如你不小心犯了某種錯誤，那麼最好的辦法就是坦率地承認並檢討，並且在最短的時間內，盡可能快地對事情進行補救。只要處理得當，你一樣可以立於不敗之地。

有著誠實正直習慣的人，也許會使你暫時失去一些東西，有時候也許被人嘲笑，但是如果你能堅守這一習慣，最後就會成為命運的贏家。

真誠的人會贏得更多的機遇，機遇總是去尋找誠信正直的人！如果你討厭誠信正直，那麼能給予你機會的老闆和對你信任的顧客同樣也會討厭你；如果一開始你就讓別人感覺到你的狡猾，他人就會自然而然設立一道防護的屏障，來抵抗你對他們潛在的威脅。

一個有著誠實正直習慣的人獲得財富和升遷的速度可能不如弄虛作假、投機鑽營的人來得快，但那些利慾薰心的人不明白在他們多得到一分錢的同時，已經丟掉了更多的榮譽。如果你有著誠實正直的習慣，你最終的成功會是一種真正的成功，即使在金錢地位上暫時有所損失，但是你要相信習慣可以改變命運，好習慣是你得到老闆重用和客戶依賴的最大保證。

建立起自己獨特的個性

　　一個人必須建立起自己獨立的風格和獨特的個性。獨立，是任何一個渴望成功的人必須具備的條件，也是成功必須堅持的一個原則。成功的前提條件有主見，沒有主見、人云亦云的人是不會獲得成功的。

　　現實生活中，不管有意還是無意，許多人多少都在掩飾自己，尤其當他們在公眾場合或者從事自己認為比較重要的事情時，更是有意地掩飾自己的思想和行動。是什麼原因促使他們這麼做呢？是因為他們還沒有建立起自信，還沒有取得足夠大的成功以支撐他們保持自己的本色。

　　成功的過程，就是一個形成並保持自己獨特個性的過程。在現實生活中，一個人要做到保持自己的本色是非常很不容易的。

　　教皇保羅八世是一個非常受歡迎的人，他出身於貧苦農民家庭，身體肥胖，但他從不掩飾自己的出身，也不避諱肥胖的身體缺陷。他當上教皇後，有一次去拜訪羅馬的一所大監獄，在他祝福那些犯人時，他坦誠地說他這一次到監獄是為了探望他的姪子。很多人認為他是耶穌的化身，以及他知道如何分享別人的苦樂外，還有一個重要原因就是他保持本色，從不刻意掩飾。

　　人的成長過程是一個逐步認識自我、確定自我的過程。每個人都有自己特定的個性，但並非每個人都能了解到這一點，即便意識到這一點，也未必馬上就能確定那種特性適合自己。

因為人生在某種程度上也是一個自我創造的過程，人是在創造自我的過程中逐步地顯露個性、塑造個性和形成個性的，所以說形成並保持自己個性並不是一個容易的過程。比如，我們在成長過程中，幾乎每個人都經歷過一個模仿期。模仿是上天賦予我們的秉性，也是我們的能力之一。在涉世和從業之初，模仿是可以的，甚至是必要的，因為模仿也是我們認識自我必須經歷的一個過程。但是，模仿只能是一種手段，而不是目的。上天是以多樣性來塑造這個世界的。造物創造你，是讓你成為你真正的自己。任何雷同，都會使其中的一方失去其存在的意義，所以，你可以模仿別人，但千萬不要讓自己成為別人。你就是你自己，你一定要找到你自己的獨特之處，造成自我，形成並保持自己的個性。

那麼，如何形成並保持自己的個性，創造自己的個性魅力呢？

1. **要積極塑造自我**：人生不像草木，是一個自然而然的過程。人是有活動性的，人生從某種意義上來說是一個創造的過程，所以一定要採取積極的態度，積極地行動，按照自己希望的那樣來塑造自我，成為自己希望成為的那種人。人是在創造自我的過程中逐步地顯露個性、塑造個性和形成個性的。

2. **要接受真實的自我**：這種接受包括一切缺陷、過失、短處、毛病以及我們的優勢及長處。當然，你一定要明白你的這些

弱點和缺陷是屬於自己，但並不等於自己。有了缺點，並且知道自己的缺點，會讓我們改正缺點的努力更具有針對性，也讓我們自我進步的努力更有意義。

3. **要脫下面具**：這個問題說起來容易，但做起來很難。現實生活中，我們總是處在表現自己和保護自己的衝突之中。一方面，得到尊重的渴望，驅使我們自我表現；另一方面，保護隱私、維護自身安全等的需要，又讓我們不能真實地展現自我。要解決這個問題，既需要有相適應的大的社會文化環境，也需要個人的努力，用成功來證實自我，保持自我。

堅強的毅力也是一種習慣

毅力，是人的一種心理忍耐力，是一個人完成學習、工作、事業的持久力。當它與人的期望、目標結合起來後，它就會發揮巨大的作用。要實現遠大的理想，就必須增強你的毅力。沒有毅力，理想就無法實現，沒有理想，毅力就無從產生，兩者是相互依存的。在所有的成功者中，有無毅力，堅強與否，起著決定性的作用；而對失敗者來說，缺乏毅力是他們共同的弱點。

很多人抱怨自己的失敗，抱怨自己沒有機遇，對著別人的成功望洋興嘆，卻不檢討自己我們每個人都曾經制訂過計畫，也暗暗下過決心，決心透過自己的努力來實現目標。但到了該

落實到行動時，卻忘記了自己曾經下過的決心。成功不是只在口頭上說說的，要靠行動，要靠一個人自身堅定毅力的支撐。

曾經有一名武將，在一次戰鬥中，他率領部下與人數比他們多十倍的敵人對抗。

部下們衣不遮體，輾轉於草地高山間，甚至斷炊時靠吃樹皮充飢，個個垂頭喪氣，委靡不振。當經過一座寺廟時，武將停了下來，說：「我們在寺廟前用硬幣問卜，如果硬幣正面朝上，那就表示我們能贏，否則就輸，那我們就馬上撤退。」他拿出硬幣，當眾投出。當硬幣落地的一剎那，大家睜眼一看，正面朝上。大家歡呼起來，充滿了勇氣和信心。最後，他們大獲全勝。一位部下說：「感謝神明的幫助！」武將拿出硬幣，大家一瞧，原來硬幣的兩面都是正面！獲取勝利原因即在於武將的領導與部下們的堅定求勝的毅力與信念。

李奧納多‧達文西（Leonardo da Vinci）說：「頑強的毅力可以克服任何障礙。」堅強不屈的人，在世界上只占了極小數。他們依靠堅韌的力量，將短暫的失敗轉化為最後的勝利。

毅力是積極的特性，它是人們理智的選擇，能及時地總結經驗和教訓，從錯誤和失敗中去尋找理性的行動，因而能將失敗變為成功。

毅力不是天生的，也不是隨便就能產生的，它是人的一種習慣，是人在實踐活動中逐漸培養、發展起來的。和其他各種

心理形態一樣，培養毅力必須要以清楚的動機做為基礎，這些動機包含：

- **準確的目標**：準確的目標是培養毅力的第一步，也是最重要的一步，要明確自己所渴望的是什麼。強烈的動機會幫助人們擊敗很多挫折。
- **強烈的欲望**：若有強烈的欲望，比較容易獲得和保持毅力。
- **有效的激勵**：要有實現計畫的自信心，並能激勵自己去征服實現計畫中的任何阻礙。
- **明確的計畫**：明確的計畫可以激發毅力，即使這個計畫有些不完整的局限性。
- **計畫的落實**：觀察與分析必須仔細，不能用猜測來代替。
- **合作的精神**：培養毅力還必須要有相互之間達成的諒解與融洽的合作。
- **堅定的意志**：將思考集中到準確的計畫上也會產生毅力。

現在，請你拿出勇氣來反省思過，只有這樣才能真正了解你自己以及你的毅力。而所有想要實現理想的人，都必須具備毅力這項精神品持。

學會正確看待自己

德國哲學家弗里德里希‧謝林（Friedrich Wilhelm Joseph Schelling）曾經說過：「一個人如果能意識到自己是什麼樣的人，那麼，很快他就會知道自己應該成為什麼樣的人。首先讓他在思想上覺得自己很重要，那麼，他很快就會在現實生活中覺得自己很重要。」

每個人自然有權利用自己的眼光看待自己，你認為你自己有 8 分的價值，就不要指望別人認為你有 9 分的價值，事實上，別人也不可能把你看得更重。人們很容易從你的表情和眼神中判斷，你到底如何給自己評價。一旦別人發現你對自己的評價都不高，他們也不會自找麻煩去尋找理由，證明你的自我評價偏低。因為很多人都相信，沒有誰比你自己對自己的評價更真實、更準確。

如果一個人自己都不看好自己，沒有什麼好評價，又怎麼能指望別人給你好評價呢？有這樣一句諺語：「不自重者，別人不會尊重他。」是的，你輕視了自己，別人自然不會把你看得很高貴，拒絕你、侮辱你也是自然的事情了。你不能在看不起自己的時候，在心中對別人說：「你們應該看重我。」即使你這樣做了，結果也會讓你自己失望，因為對自己的尊重和別人對你的尊重是一致的，至少它們建立在同一個原則上。

信任一個自信和自尊的人更加保險，因為如果一個人連他

自己都懷疑自己是否具有誠實和正直的道德修養，那麼外人又有什麼理由不懷疑、不擔心、不疏遠呢？道德上的墮落，總是首先在自己身上露出徵兆的。

如果一個人相信自己的能力，看重自己的話，那麼，很快他就會擁有巨大的力量。即使他的本錢很少，也沒有多少關係。誰都願意幫助一個自立自助的人，因為他身上必然有能夠吃苦耐勞、勤奮上進的精神足以讓人肅然起敬。一旦受到他的感染，大家都願意支援他的事業，願意為他的生意做免費的宣傳。

如果一個人強烈地渴望成功，自動地運用自己的才能主動學習商業經營的技巧，並且善於精打細算，即使他遇到困難，也沒有多少本錢，但是他仍然會成功。因為他已經具備了成功者的特質，而這一切都是他自己對自己的幫助。

「依靠自己，相信自己，這是獨立個性的重要成分。」米歇爾·雷諾茲說：「因為它，奧林匹克運動會上的英雄才能獲得桂冠。所有的偉人和在歷史上留下美名的人因為這個共同特徵而同屬於一個家族。」

自信和自尊能夠讓我們重視自己的能力，其影響是其他任何東西都無法替代的。那些凡事都依賴別人，遇事顧慮過多的人，他們體會不到也永遠不能體會到，自立者煥發出的榮光。只有相信自己的理想一定會實現，我們身上的所有能量才會發揮作用，才能達到我們心中的所願。

不斷進行自我反省

在生活中，只有不斷自我反省，才可以令自己立於不敗之地。一般地說，自省心強的人都非常了解自己的優劣，因為他時時都在仔細檢視自己。這種檢視也稱為「自我觀照」。其實質也就是跳出自己的形體之外，從外審察自己的所作所為是否為最佳的選擇，這樣做就可以真切地了解自己了，但審視自己時必須是坦率無私的。

能夠時時審視自己的人，一般都很少犯錯，因為他們會時時考慮：「我到底有多少力量？」「我能做多少事？」「我該做什麼？」「我的缺點在哪裡？」「為什麼失敗了或成功了？」時時這樣考慮就能輕而易舉地找出自己的優點和缺點，為以後的行動打下基礎。然而，大多數的年輕人卻沒有養成經常自我反省的習慣。

傳說中，幸運女神每天都很忙碌，人們常常漫不經心地做出許多危險而魯莽的事情，為了挽救他們闖下的大禍，她一直都在不停地轉動著命運的輪軸。遺憾的是，不管她怎麼努力，還是有許多人因為一時失誤而丟了財產、名譽甚至是性命。

一天，女神看到了一個在深井邊上酣睡的孩子，臉上掛著滿足的微笑。從旁邊經過的人都為他憂心不止，因為如果他稍稍向井內翻身，就有可能掉下井裡淹死了。幸運女神正好發現，於是輕輕轉動手中的輪軸。孩子很快從睡夢中醒來，嚇了

一大跳，說道：「幸虧我醒得及時，要不然我的小命就沒了。」

幸運女神嘆口氣說：「人啊！都是這樣，幸運的事都忘不了自己的英明，要是自己粗心遭受了不幸，就只會把責任都推到我的身上。」說完，深深地嘆了一口氣。

相信很多人都經常把自己的失誤歸罪於運氣這奧妙的東西，即使因為自己的目光短淺或者利令智昏，做出了無法挽回的糊塗事，你也會以「命運如此」、「運氣太背」等諸如此類的話來安慰自己，卻不去想想自己的失誤。這也難怪幸運女神會覺得委屈。

人都喜歡為自己找藉口，傾向於把失敗的原因歸到客觀條件上。你一直沒有為公司的發展提出合理的方案，你可能以「我的閱歷太淺」來解釋；如果沒有按進度完成任務，你也許會以「我的經驗太少，比不了那些前輩」來當藉口；身為一個部門主管或是創業者，一天，你發現因為你計畫表或者企劃書上明顯的錯誤，而導致了經營方向的偏離和失誤，你也許會解釋：「這些是我口頭述說的，記錄員寫完後，我沒有親自審閱。」你把責任推到別人身上，可是為什麼不想想是自己的疏忽大意呢？

所以，想少犯錯誤，就需要不停地反省自己，培養自省意識，在自己身上找原因。這是一個很簡單的道理，如果你生病了，你感嘆老天的不公或詛咒可惡的某某將疾病傳染給你了，

這些有什麼用處嗎？你必須做的就是檢查自己的身體，醫治它。如果你不注意自己的缺點和過失，反而把錯誤歸咎於別人或者命運，甚至任由這些毛病發展下去，以後再碰到危機你還是不知所措、不可收拾。

培養每日自省的好習慣，首先得拋棄那種「只知責人，不知責己」的劣根性。當面對問題時，人們總是說：「這不是我的錯。」「我不是故意的。」「沒有人告訴我不能這樣做。」「這不是我做的。」「本來不會這樣的，都怪……」這些話是什麼意思呢？

「這不是我的錯。」是一種全盤否認。否認是人們在逃避責任時的常用手段。當人們乞求寬恕時，這種精心編造的藉口經常會脫口而出。「我不故意的。」則是一種請求寬恕的說法，透過表白自己並無惡意而推卸掉部分責任。「沒有人告訴我不能這樣做。」表明此人想借裝傻蒙混過關。

「這不是我做的。」是直接的否認。「本來不會這樣的，都怪……」是憑藉擴大責任範圍推卸自身責任，找藉口推卸責任的人往往都能僥倖逃脫，他們也常常因逃避了責任而自鳴得意，卻從來不反省自己在錯誤的形成中起到了什麼作用。

為了避免受到譴責，有些人甚至會選擇欺騙手段，尤其是當他們是明知故犯的時候。這就是所謂「罪與罰兩面性理論」的中心內容，而這個論斷又提示了這一理論的另一方面。當你

明知故犯了錯誤時，除了編造一個敷衍他人的藉口之外，有時你會給自己編造出另外一個理由。

　　培養每日自省的好習慣，還要有自知之明。就像最有可能設定好自己的就是他自己，而不是別人；最有可能完全了解一個人的就是你自己，而不是別人。但是，正確地認識自己，實在是一件不容易的事情。不然，古人怎麼會有「人貴有自知之明」、「好說己長便是短，自知己短便是長」之類的古訓呢？

　　自知之明，不僅是一種高尚的品德，而且是一種高深的智慧。因此，你即便能做到嚴於責己，即便能養成自省的習慣，但並不等於說能把自己看得清楚。就以對自己的評價來說，如果把自己看得過高了，就會自大，看不到自己的短處；把自己看得過低了，就會自插，對自己缺乏信心。只有合理認清自己，才算是有自知之明。很多人經常是處於一種既自大又自卑的矛盾狀態，一方面，自我感覺良好，看不到自己的缺點；另一方面，即又在應該展現自己的時候畏縮不前。對自己的評價都如此之難，如果要反省自己的某個觀念、某種理論，那就更難了。

凡事不必追求完美

實際上，每個人在小的時候都曾經發現過自己的不足。發現後，我們會生自己的氣，哭上一場。不過，要把大量不如意的發現與感傷聯繫在一起，形成悲觀主義，卻只在青春期過後才有可能發生。16歲時，不完美的現實和完美的夢幻短兵相接——我們有好多事情做不好，有時連一件小事都做不到盡善盡美！世界怎麼樣？也不像過去想像得那樣美麗！我們曾經夢想過，自己是天下最完美的人，什麼缺陷都沒有。我們曾天真地認為，這個世界會接納我們所有夢想的建議。

當現實感喚醒我們的時候，我們已與悲傷結緣。我們應該確信，在物質文化史的長河中，從來沒有完美的存在。就在這種不完美的狀態下，我們尋找著歡樂，向不完美發出挑戰，在力所能及的範圍裡做得更好一些，以接近完美。實際上，大可不必對不完美神經過敏。

據說，英國作家威廉‧薩默塞特‧毛姆（William Somerset Maugham）晚年患了右臂疼痛症，影響了他的寫作生活。於是，他去看醫生。醫生給毛姆的右臂和右手做了一遍檢查，從理論上得出了一個結論：「你不能寫了。你手指拿筆的部位不對，右臂放在寫字臺上的位置也錯了。」毛姆輕聲自語：「可是我已經這樣寫了幾十年。」醫生幽默地回答：「可憐的人，你錯

了幾十年！」這位天才作家的寫作姿態不完全，但他卻為人類文化創造出一篇又一篇的優秀小說

尚‧雅克‧盧梭（Jean-Jacques Rousseau）曾經說過：「種種優劣特質，構成了生命的整體。」事實，優與劣是一種東西的兩個變異。林某在讀高中時，總愛與同學練習摔跤。林某怎樣也無法把同學摔倒！無論落地前的一刹那，他有多好的絕對優勢，但刹那之後倒地的卻總是林某。後來林某相信，優劣之間，正如勝負之間一樣，存在著一個關鍵的轉機點。

當維納斯失去雙臂，她卻從嚴重的缺憾中獲得了神祕的另一種美。當戴高樂將軍不幸育有一個弱智的女兒，家庭的不完美，卻造就了一個完美的父親形象。

因此，不完美不是我們的敵人，它只是一種無處不在、深淺不一的狀態。有時候，它反而能塑造別具一格的美。歷史上不是有許多殘疾的詩人嗎？當我們因為不完美而陷入深深的傷感不能自拔，我們會被恐懼所纏繞。可是如果我們有信心、有意識地去尋找那個關鍵的轉機點，那麼別說是不完美，就是任何事情也不可能壓倒我們。

1930 年代，羅斯福總統面對世界性的經濟危機和美國人的低落情緒，發表了他那篇著名的總統就職學說：「我們唯一要恐懼的就是恐懼本身。」他自信而精明地發現了轉機的關鍵，在漫長的執政年代裡，他引領美國人民走出低谷，並全面擊潰了

法西斯。我們生活在和平年代，一切不完美加起來也比不上那種糟糕。我們缺乏的只是勇氣、樂觀、適應能力，還有那個神祕的轉機點。

人生一世，外表的條件有時會顯得格外無足輕重。過了一定年齡，你甚至會發現，人的精神風範能使外表發生奇妙和變化。我們可以觀察一下雷根的照片。那完全是一張長歪了的臉。但你對這張歪臉覺得反感嗎？不認為那正是一張美國總統的臉嗎？不用細看，你便會知道，有一種氣質徹底驅除了那臉上的不完美，讓它朝另一面發生了變化，突出了他不屈不撓的硬漢精神。很多時候，我們大可不必苛求容貌的完美，尤其是男人，孟軻所說的「浩然之氣」，才是最重要的東西。

我們逃脫不了不完美的糾纏。有時，我們覺得活得很累，這正是因為我們企圖躲避這種糾纏。即使一切變得周全，我們既要師長滿意，又要自己自由；既不想觸犯同事，又想潔身自好；既想得到一份報酬合理的工作和漂亮的伴侶，又想去天邊雲遊，享受一個人面對世界的寂靜。我們氣喘吁吁地走在人生路上，沒有學會拒絕，不會正視指責，不敢背叛某些應該背叛的原則。我們活在別人的眼裡，很少想到自己，按自己的方式生活。我們強求完美，因而違背了不完美的客觀性，變得無所適從。甚至，我們要求諸事皆以大團圓為結局，這個想法就像枷鎖一樣，讓我們悶悶不樂。

但是，一個跳高運動員無論怎樣成功，都註定要在某一個高度上以失敗告終，我們也找不到任何一位永遠「長青」的體育健將，因為等著他的早晚是退休而放棄運動的權利。就像人生以及每一件長久而有意義的事情一樣，其價值都不在於結局是什麼，而是整個過程的審美意義。

品格是人性的桂冠

誠實、正直、仁慈、謙虛、善良和寬容等，這些優良特質並不是與每個人的生命息息相關，但它卻成為一個人品格的最重要條件。正如古人所說的：「即使缺衣少食，品格也先天地忠實於自己的德行。」具有這種特質的人，一旦和堅定的目標融為一體，那麼他的力量就可驚天動地，勢不可擋。

班哲明・富蘭克林（Benjamin Franklin）指出：「品格，是人生的桂冠和榮耀。它是一個人最高貴的財產，它構成了人的地位和身分，它是一個人在信譽方面的全部財產。它比財富更具威力，它讓所有的榮譽都毫無偏見地得到保障。一個人的品格比其他任何東西都更顯著地影響別人對他的信任和尊敬。」

一流的品格更是一種習慣性的堅持，所有人都應該把擁有好的品格做為人生的最高目標。人生最好是有一個較高的目標，但是並不是我們每個人都能意識到。

品格如同樹木，名聲如同樹蔭。我們常常考慮的是樹蔭，

但卻不知樹木才是根本。深受美國人民愛戴的林肯總統就非常注意自己的品格，他可以拒絕一切誘惑，絕不與有錯誤的一方為伍；或者，即使一開始不小心站錯了立場，一旦發現，他也馬上改弦更張，絕不助紂為虐。

林肯當律師時，有人找他為一件訴訟中明顯理虧的一方辯護，林肯回答說：「我不能做。如果我這樣做了，那麼出庭陳詞時，我將不知不覺地高聲說：『林肯，你是個說謊者，你是個說謊者。』」

有一次，林肯接了一件案子，在案子還未開審前，這件案子的當事者提前付給他幾百美元的律師費，他考慮了很久，還是把錢退了回去，並對這位當事者解釋道：「妳的案子還沒有開審呢。」

「可是這錢是你應該掙的啊。」那位當事者說。

「不，不。」林肯回答：「這不對。我只是在盡義務，這不應該收錢。」

林肯的偉大品格，讓他成為人們敬佩並永遠懷念的人。

正如拉爾夫·沃爾多·愛默生（Ralph Waldo Emerson）所說：「美德具有至高無上的價格，它是一種偉大的品格力量，在所有價值中它處於最高的位置。」

品格是最高貴的個人資產。一個人只要擁有了正直、善良、仁愛、待人和氣、處世真誠、襟懷坦白這些令人折服、敬

佩的品格，那麼就會隨時隨地都受人歡迎。無論他的容貌是否美麗，也無論他面對的是一些什麼樣的人，他都會成為別人樂意交往的對象。因為人類是一種既有感情又有理智的高等動物，或許自己未必高尚，但當看見一個品格高尚、誠摯、富有愛心的人時，不必經人介紹，也會對他肅然起敬。偉大的品格確實有一種神奇的力量，足以感化一切人的心靈。

有的人希望別人知道自己家世顯赫，喜歡與人談論自己十分富有，樂意向人展示自己多麼博學多才，但這樣卻並不能真正打動別人，贏得歡迎和尊重。其實，只要一個人培育起正直的人格、良好的信用，隨時隨地都會獲得別人的關注。

品格是人生享用不盡的寶貴資源，是你最有效的自薦書，你一生的前途和命運都需要依賴這封自薦書。因此，應該趁年輕利用足夠和時間和精力，去獲取利人利己的良好品格，將良好的品格做為一種習慣，做為一種堅持，做為一種累積，這將是你一輩子都享用不盡的財富。

勇於接受自我

　　自卑者之所以自卑，很多時候是其不願意承認自己的缺陷或過分誇大自己的不足。這兩種做法其實質是一樣的。拒絕承認自己的不足是掩耳盜鈴的做法，而誇大自己的缺陷則往往是因為底氣不足，預先為自己的失敗找一個臺階，以逃避對失敗的責任。但形成習慣之後，人往往就會確信自己確實存在想像中的不足了。

　　所以，要提高自己的自信心，首先就要學會接納自己，包括接受自己的缺點和優點。

　　接受自我，如同深刻地愛一個人。如果你曾經真正投入地去愛一個人。你就會明白接受意味著什麼。那時的你並不計較他（她）有什麼缺點，或者對你的態度，你只是完整地接受，完整地奉獻，這就是為什麼會說：「愛到深處人孤獨。」因為這是全心地投入，忘我地奉獻必然的結果。

　　接受，意味著對自己誠實，正視自我的存在，完全地信任自我；意味著關注自己內心的感受，傾聽內心深處的聲音；意味著用新的眼光看待自己；意味著讓自己身心投入到生活當中，而不是躊躇不前，覺得自己還是不夠資格投身於人生的賽場；意味著身為人類的一分子來敬畏你自己的人性本質和無限潛力；意味著允許自己成長並達到所能設想的最高境地。你不必向他人誇口，你只是自然地發現自己是一部精緻的傑作。

接受自我是種自愛，但不同於自私、自戀。自愛是種自我珍惜的情感，意味著接納自我的同時會去珍愛這個世界。自私是以個人利益為中心，不顧他人的利益的一種選擇，而自戀則是自我中心的極端的自我。

　　試著站在一面鏡子面前，注意觀察你的面孔和全身，在這過程中要注意自己的感受。可能，你會更喜歡看到某些部位而不喜歡另一部分。如果你和絕大多數人一樣，那麼你會發現有些地方是不耐看的，因為它會讓你不安或不愉快。可能你會看到臉上有一些你不想看到的痛苦表情；可能你看到了時光在你臉上留下的痕跡，且無法忍受隨之而來的想法和情感。於是，你想逃避、不承認自己的容貌……

　　但請你注視鏡子裡的形象，多堅持一會，並試著對自己說：「無論我的缺陷是什麼，我都無條件地完全接受。」望著鏡子，深呼吸並反覆說這句話，重複一、兩分鐘，放慢語速。

　　或許你真的不喜歡鏡子裡看到的一些東西，但「接受」不一定是喜歡，它只是讓你去面對現實，讓你體驗「哦，這就是我，我接受它！」

　　每天堅持做兩次這樣的訓練，不久你就會發現：你的自尊心和自信心提高了，你與自己的距離更近了，而你對自身的不足也能以一種超越的心態去面對了。

　　自我接受看似簡單，而實際上它是我們獲取進步和發展的先決條件。只有這樣，我們才會更全面地認識自己行為的性

質，進而更自信地評價自己。

　　同時，在接受自己的基礎上，要學會自我解嘲。當一個能夠以幽默的方式嘲笑自己的不足時，他就能夠獲得超然的心境。正如心理學家所說：「不要對自己太過嚴肅。對自己一些愚蠢的念頭，不妨『開懷一笑』，一定能將它們笑得不見蹤影。」

　　接受自我，信任自我表達著一種高度的自知，意味著高度的自信。

把自己的位置放到最低

　　正如一位哲學家所說：「想要達到最高處，必須從最低處開始。」然而，有不少人特別是剛剛畢業的學生，自以為讀了不少書，長了不少見識，未免有點得意忘形，做了一點兒事就以為索取回報是重要的，對自己的獲取也越來越不滿意。幾年過去了，自己越想得到的卻越是得不到，於是不知足的心理就占據了全身心。

　　若想成功的話，必須接受一些問題、壓力、錯誤、緊張、失望 —— 這些都是生活中的一部分。事實上有時許多人都會覺得無法應付生活對我們的要求。

　　有一位年輕人，對生活的不滿和內心的不平衡一直折磨著他，直到某個夏天與同學搭他們家的漁船出海，才讓他一下子懂得了許多。

同學的父親是一個老漁民，在海上打魚打了幾十年，年輕人看著他那從容不迫的樣子，心裡十分敬佩。

年輕人問他：「伯父，每天您要打多少魚？」

他說：「年輕人，打多少魚並不是最重要的，關鍵是只要不是空手回去就可以了。兒子在上學的時候，為了繳學費，只能想著多打點，現在兒子也畢業了，我也沒有什麼奢望打多少了。」

年輕人若有所思地看著遠處的海，突然想聽聽老人對海的看法。

他說：「海真的很偉大，滋養了那麼多的生靈。」

老人說：「那麼你知道為什麼海那麼偉大嗎？」

年輕人不敢貿然接話。

老人接著說；「海哪能裝那麼多水，關鍵是因為它位置最低。」

把自己的位置放到最低！

正是老人把位置放得很低，所以能夠從容不迫，能夠知足常樂。

而許多年輕人有時並不能正確擺正自己的位置，因此經常為自己的一點兒成績沾沾自喜，為自己的一點兒優勢便自以為自己天下第一，夜郎自大。

相反，如果能把自己的位置放得低一些，習慣性地從不起眼的小細節做起，往往會有無窮的動力和後勁。

　　我們沒有任何理由去鄙視那些底層的創業者，他們的創業同樣也讓人聽得有滋味、羨慕不已，他們受益和成功的進程也最明顯。究其原因，主要是他們沒有心理負擔、沒有包袱、沒有顧慮，把自己的位置放得很低，所以他們成功了。而現在許多年輕人缺乏的正是這種勇氣和心態。

　　無論你是天之驕子，還是滿面塵土的上班族；無論你是才高八斗，還是目不識丁；無論你是大智若愚，還是大愚若智；如果沒有找到自己的位置，總是望著那山比這山高，好高騖遠，那麼一切都會徒勞無益。

　　因為我們年輕所以經常談理想和抱負，理想和抱負談多了以後，就會抱怨我們目前的狀況，工作不好，領導不賞識、不重用，門路太少，局限性太大，自己沒法施展才華等等。似乎這些現實的一切與理想和抱負差得太遠，只有突破這些自己才能擁有美好的未來。可是，事實卻並不像我們所想的那樣，於是更是處處不順心，因而陷入了自己設定的困境中。

　　有一個剛畢業的大學生，躊躇滿志地進入一家公司工作，卻發現公司裡有那麼多局限性，而上司分配的工作又是一個誰都能勝任的日常事務性工作，對於一向自視甚高的他，別提多麼失望了。

　　他到處發洩自己的不滿，但好像並沒有人理他。就這樣，他只好埋頭幹活，雖然心裡經常存有不情願的感覺，但不再像剛去時那樣浮躁了，而是努力去做自己手頭上的事情，做好一

件，得到領導的肯定，自己的「虛榮心」就被滿足一次。靠著這種卑微的「虛榮心滿足」，日子就這樣一天天過去了。

有一天，他認識了一個白髮蒼蒼的老者，開始他並沒有注意到這位老者，只是後來由於工作的需要，接觸了幾回。經人介紹說，這位老者就是赫赫有名的卡普爾先生，他是公司總裁的父親，他沒有因為特殊的身分而穿著講究太多，竟然是那麼平常，那麼不起眼，每天與大家一樣上班下班，風雨無阻。

實在讓人不敢想像！

老者曾經對年輕人說過這樣一句話：「把手頭上的事情做好，始終如一，你就會得到你想要的東西。」

年輕人記住了老者的教誨，開始投入地做任何一件事情，無論自己如何地不情願，都盡心盡力做好，而且做了以後心態就平衡了。

過了好多年，年輕人還記得卡普爾先生的那句話。

無論手頭上的事是多麼不起眼，多麼繁瑣，只要認認真真、仔仔細細地去做，就一定能逐漸靠近你的理想，邁向成功。做任何事情，都必須腳踏實地，那些成功者是心在高處，手在低處──即透過一個個具體的行動去實現自己的遠大之志，而不是好高騖遠，總讓自己飄飄然。這是成功者必備的一種做事習慣！

從點滴開始儲存信用

　　一個人如果希望聞名世界、流芳百世，他首先要獲得別人對他的信任。一個人如果掌握了獲得他人信任的方法，要比獲得萬千財富更足以自豪。但是，真正懂得獲得他人信任的方法的人真是少之又少。

　　良好的習慣是想成大事必備的一種最可貴的本錢，有良好習慣的人遠比那些沾染了各種惡習的人容易成大事。世界上本來已有不少人快跨入成大事的門檻，但是因為有一些不良的習慣，使得人家始終不敢對他抱以信任，他的事業也因此而受阻於中途，無法再向前發展。

　　一個人的習慣會影響到他的品格，從而影響其日後的發展。很多年輕人一開始很不注意自己的習慣，覺得那只是暫時的小事。但是久而久之，他可能會因為一些惡習而為人所排擠，到時候他可能會後悔，但是，後悔又有什麼用呢？

　　一個有志成大事的年輕人，為了自己的前途，無論如何都要抑制不良的誘惑，在任何誘惑面前都要堅定決心，不為所惑，必須永遠善於自我克制。否則，只要稍動邪念，就可能一下毀掉自己的信用、品格。如果仔細分析一個人失敗的原因，會發現很多人是因為有著種種不良的習慣所致。

　　亞瑟·查理斯·克拉克（Sir Arthur Charles Clarke）認為：「很多成大事者靠的就是獲得他人的信任。但到今天仍然有

第二章　好習慣展現好修養

　　許多商人對於獲得他人的信任一事漫不經心、不以為然，不肯在這一方面花些心血和精力。這種人肯定不會長久地發達，可能用不了多久就要失敗。我可以十分有把握地拿一句話去奉勸想在商業上有所作為的年輕人，你應該隨時隨地地去加強你的信用。一個人要想加強自己的信用，並非心裡想著就能實現，他一定要有堅強的決心，以努力奮鬥去實現。只有實際的行為才能實現他的志願，也只有實際的行動才能使他有所成就。也就是說，要獲得人們的信任，除了一個人人格方面的基礎外，還需要實際的行動。任何一個年輕人在剛跨入社會做事時，絕對不會無緣無故立即得到別人的信任。他必須發揮出所有力量來，在財力上建立堅固的基礎，在事業上獲得發展，有所成就。然後，他那優良的品行、美好的人格總會被人所發現，總會有人對他產生完全的信任，他也必定能走上成大事者之路。社會交往中，人們最注意的不是那個成大事者的生意是否興隆，進帳多少；他們最注意的往往就是那個人是否還在不斷進步，他的品格是否端正，他的習慣是否良好，以及他創業的歷史和他的奮鬥過程。」

　　要獲得他人的信任，除了要有真正誠實的品格外，還要有敏捷、正確的做事習慣。即使是一個資本雄厚的人，如果做事優柔寡斷，頭腦不清，缺乏敏捷的思維和果斷的決策能力，那麼他的信用仍然維持不住。一個人一旦失信於人一次，別人下次再也不願意和他交往或發生貿易往來，別人寧願去找信用可

靠的人，也不願再找他，因為他的不守信用可能會生出許多麻煩來。

任何人都應該努力培植自己良好的名譽，讓人們都願意與你深交，都願意竭力來幫助你。一個明智的人一定要把自己訓練得十分出色，不僅要有獨特的本領，為人也要做到十分誠實的坦率，在決策方面要培養起堅定而迅速的決斷力。

很多銀行家非常有眼光，他們對那些資本雄厚，但品行不好，不值得人信任的人，決不會放貸一分錢；而對那些資本不多，但肯吃苦、能耐勞、小心謹慎、時時注意商機的人，他們則願意慷慨相助。

任何都應該懂得：人格是一生最重要的資本。要知道，糟蹋自己的信用無異於在拿自己的人格做典當。一個要想獲得他們信任的年輕人，必須老老實實做出業績，證明他的確是判斷敏銳、才學過人、富於實幹的人。

羅賽爾‧賽奇曾經說過：「堅守信用中成大事的最大關鍵。」富蘭克林也曾指出：「如果一個人憑著自己良好的品性，能讓人在心裡認可自己、信任自己，那麼自己就有了成就大事業的資本。」

可見，能夠獲得別人的信任是助自己邁向成功的基石。那麼，從現在起就讓我們開始養成儲存自己信用的習慣吧！這將是你一輩子受用的資產。只有讓人百分之百地信任自己，才能夠使自己在事業中更加遊刃有餘，左右逢源。

控制好自己的情緒

　　成吉思汗建立了橫跨歐亞大陸的帝國，是個非常了不起的歷史人物。他能夠有這樣大的成就，與他善於控制脾氣有關；而他之所以善於控制脾氣，則與他的一段傳奇經歷有關。

　　有一次，成吉思汗帶著一大隊人出去打獵。他們一大早便出發了，可是到了中午仍沒有收穫，只好意興闌珊地返回帳篷。成吉思汗心有不甘，便又帶著皮袋、弓箭以及心愛的飛鷹，獨自一個人走回山上。

　　烈日當空之下，他沿著羊腸小徑向山上走去，一直走了好長時間，口渴的感覺越來越重，但他卻找不到任何水源。

　　不久，他來到了一個山谷，見有細水從上面一滴一滴地流下來。成吉思汗非常高興，就從皮袋裡取出一隻金屬杯子，耐著性子用杯子去接一滴一滴流下來的水。

　　當水接到七八分滿時，他高興地把杯子拿到嘴邊，想把水喝下去，這時一股疾風突然把杯子從他手裡打了下來。將到口邊的水被弄灑了，成吉思汗不禁又急又怒。他抬頭看見自己的愛鷹在頭頂上盤旋，才知道是它搞鬼。儘管他非常生氣，卻又無可奈何，只好拿起杯子重新接水喝。

　　當水再次接到七八分滿時，又有一股旋風把水杯再次弄翻了。

原來又是他的飛鷹做的好事！成吉思汗怒到極點，頓生報復心：「好！你這隻老鷹既然不知好歹，專給我找麻煩，那我就好好整治一下你這傢伙！」

於是，成吉思汗一聲不響地拾起水杯，再從頭等著一滴滴的水。當水又接到七八分滿時，他悄悄取出尖刀拿在手中，然後把杯子慢慢地移近嘴邊，老鷹再次向他飛來，成吉思汗迅速拔出尖刀，把老鷹殺死了。

不過，由於他的注意力過分集中在殺死老鷹上面，卻疏忽了手中的杯子，結果杯子掉進了山谷裡。於是，成吉思汗無法再接水喝了，不過他馬上想到：既然有水從山上滴下來，那麼上面也許就有蓄水的地方，而且很可能是湖泊或山泉。於是他忍住口渴的煎熬，拚盡氣力向上爬。幾經辛苦後，他終於攀上了山頂，發現那裡果然有一個蓄水的池塘。

成吉思汗興奮極了，立即彎下身子想要喝個飽。忽然，他看見池邊有一條大毒蛇的屍體，這時才恍然大悟：「原來是飛鷹救了我一命，正因為它剛才屢次打翻我的杯子，才讓我沒有喝下被毒蛇污染的水。」

成吉思汗明白自己做錯了，他帶著自責的心情，忍著口渴返回了帳篷。他對自己說：「從今以後，我絕不在生氣的時候做決定！」這個決心，讓成吉思汗避免了很多錯事，對他的雄圖霸業帶來了莫大的幫助。

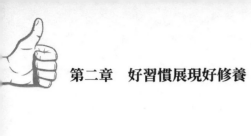

第二章　好習慣展現好修養

第三章
好習慣營造好心境

　　快樂是一種習慣，是一種發自內心的情感，是一種清澈美妙的內心感受。快樂的人生才是成功的人生。擁有良好的心境會感到活著是美好的，但只有理解了快樂的真諦，才可能擁有快樂。任何事物都有兩面：積極和消極。如果你是積極的，正面的思考會幫助你克服困難，看到樂觀的一面；如果你是消極的，你所看到的就是悲觀失望的一面。所以我們要養成讓自己快樂的習慣，只有具備好的習慣，才能具備好的心態，才能為自己營造快樂的心境。

快樂是一種習慣

　　快樂是一種習慣，是一種發自內心的情感，是一種清澈的美妙的內心感受。莊子認為：生命本應是樂天而無欲的，真正的快樂是生命本性的自然流露，源於自己精神的內部，而不被外物所影響。

　　快樂的人生才是成功的人生。擁有良好的心境會感到活著是美好的，但只有理解快樂的真諦，才可能真正快樂起來。

　　一般，人對快樂有兩種認識：一種是物質的快樂，一種是心靈的快樂。有的人把物質生活享受及肉體的感官刺激當作是「快樂」。為求得這種「快樂」，身心為名利財氣所困，徒增煩惱，為求「快樂」而失掉了生命的本質。這種感官上的快樂是虛幻短暫的，是一種生命的墮落。

　　中國歷代地位顯赫的人，有不少便因追求「醒握天下權，睡枕美人膝」以及「窮奢極欲，為所欲為」的物質享受，導致煩惱叢生，甚至英年早逝。「嗜欲深者天機淺」，莊子指的便是這種「快樂」所帶來的後果。

　　追求欲望的達成與物質生活的滿足並不能帶給人真正的快樂。有的人一生追求淡泊純美的心靈、高雅的文化素養，從不為物質享受所困，並將清新淡雅的生活看作是人生的快樂，這是正直文人式的快樂；有的人雖不富有，但很知足，把日子過得節儉一點、從容一點、快樂一點，看作是生活的原則，這是

純樸憨直山村鄉民式的快樂。而這樣的快樂才是人生真正的快樂，才是值得追求的快樂。

那麼，人生在世，到底為什麼而活？

有這樣一個小故事：有一個美國商人坐在墨西哥海邊一個小漁村的碼頭上，看著一個墨西哥漁夫划著一隻小船靠岸。小船上有好幾條大黃魚，這個美國商人對墨西哥漁夫能抓這麼昂貴的魚感到驚訝，問：「要多少時間才能抓這麼多？」漁夫說：「才一會兒工夫就抓到了。」美國人驚奇地問：「你為什麼不待久一點，好多抓一些魚？」那漁夫卻笑著回答說：「這些魚已經足夠我一家人生活所需了！」

於是，美國人又問：「那你剩餘的時間都在幹什麼？」墨西哥漁夫告訴他：「我每天睡到自然醒，出海抓幾條魚，回來後跟孩子們玩一玩，再懶懶地睡個午覺，黃昏時晃到村子裡喝點小酒，跟哥們兒玩玩吉他，我的日子過得可是快樂又忙碌呢！」

美國人以他的心思，幫漁夫出主意說：「我是美國麻省大學企管碩士，我認為你應該每天多花一些時間抓魚，到時候你就有錢去買條大一點的船。等有了大船後，你自然就能夠抓更多的魚，再買更多的漁船。然後你就可以擁有一個船隊。到時候你就能夠控制整個生產、加工處理和行銷。最後你可以不要待在這個小漁村，搬到城裡，然後到紐約。在那裡經營你不斷擴充的企業。」墨西哥漁夫問：「這要花多長時間呢？」美國人回答：「15、年20年。」

「然後呢？」

美國人得意地說：「然後你就可以在家快活啦！等時機一到，你就可以宣布股票上市，把你公司的股份賣給投資大眾。到時候你就有數不完的錢！」

「然後呢？」

美國人說：「到那個時候你就可以享受生活啦！你可以搬到海邊的小漁村去住。每天睡到自然醒，出海隨便抓幾條魚，跟孩子們玩一玩，再跟老婆睡個午覺，黃昏時，晃到村子裡喝點小酒，跟哥們玩玩吉他了！」墨西哥漁夫疑惑地說：「那與我現在的生活有什麼兩樣嗎？」

既然墨西哥人已經在快樂地享受人生了，他還需要追求什麼樣的人生？人生是在於這種享受的心情，享受著簡單的快樂。說享受人生，人們可以接受，但如果說人生純粹在於享受，許多人就不以為然了。我想，還是有很多人認同「人生在於奉獻」這樣的理念。毫無疑問，「奉獻」是古今推崇的崇高美德，如果人人都自私，社會將失去生氣，沒有愛心的人生是恐怖且無味的。然而不可否認的是：任何人在奉獻的同時，都會有意無意的期待些什麼，有時候可以僅僅是為了換取一句讚美、一個微笑，或者給人一個好的印象。總而言之，百分之百沒有任何索取的奉獻是沒有的，人們在奉獻的同時其實也是在享受。

　　說起享受人生，那些慵懶和好逸惡勞的人不禁興奮起來，以為自己選擇了最佳的生活方式。其實，他們是在享受最低級的人生，那是一種最不值一提的生活方式。享受人生可以分許多種，好逸惡勞的無所事事則是最可恥的，這種享受僅僅是得到了暫時性的生理、心理滿足。就像吃喝嫖賭，我們應該鄙視這種享受。

　　每個人對「享受」都有著不同的追求。從嬰兒開始，人們便不斷爭取著享受。嬰兒的享受是本能的：甘甜的乳汁、溫暖的懷抱、舒適的環境；進入童年後，便貪玩、吃零食、受疼愛等；長大以後，就開始尋找生活保障、爭取出人頭地、有性慾、懂得欣賞美；到老年，則把注意力轉移到退休金、天倫之樂等。每一個階段都有不同的追求和享受，而每一個人因為性格、環境的不同也會對享受物件呈現出多元化的選擇。比如有的人喜歡抽菸，看著緩慢升起的菸霧，吸著尼古丁的混合物，就是從紛繁的生活狀態中超脫出來的享受；也有的人卻對香菸十分反感，對於燃起的香菸捂鼻而過。所以說享受沒有統一的定義，它是每一個人的切身體驗。

　　讓我們共同來享受豐富多采的人生，人生的過程就是享受的過程，當我們在做任何一件事情的時候，如果想到可以從中獲取快樂，那麼，我們將會以更大的熱情去完成它，而不會對它反感。這樣，我們就可以從享受每一件小事開始，進而享受整個人生。

我們常說：「笑一笑，十年少。」意思是好的心情有助於延長壽命。

　　美國科學家透過多年的研究，進一步證實了這一說法。根據研究顯示，越是樂觀者，年老時患失智症的機率越小。越樂觀的人，隨著時間的流逝，他們對自身造成的壓力就越小。相反，經常焦慮、動怒的人，歲數大後通常很容易中風和患心臟病。情緒樂觀的人生存率遠高於預期值。而情緒悲觀的人，實際壽命與預期壽命相比，提前死亡的可能性高於 19%。

　　研究人員認為，情緒樂觀的人很少出現抑鬱情緒，他們在尋醫或接受治療方面也非常積極，很少有自怨自艾的傾向或在劫難逃的想法。賓夕法尼亞大學心理學系教授馬汀‧塞利格曼（Martin Seligman）說：「悲觀情緒早期就能加以確認，也可以改變，所以情緒容易悲觀的人可以參加簡短的訓練計畫，永久改變他們對不幸事件的思慮，從而降低患病乃到死亡的風險。」

　　那麼如何才能讓快樂持久下去呢？積極、樂觀、善良的人常會遇見「貴人」，有好的事業機會，有好的財運。幽默感十足的人交際圈一般都比較廣，這些人值得我們去接觸、去交往。和喜歡賭博的人交往，自己潛在賭性就會在不自覺中被激發出來；和喜歡讀書的人交往，很快就會感受到書中的無窮樂趣……這就是所謂的「近朱者赤，近墨者黑」。

　　活著，不向多舛的命運低頭，就是一種快樂。人生就像一張單程車票，一個從生到死的沒有重複的過程。我們有著相同的起點和終點，但從生到死的過程卻是各式各樣的。一百個人就有一百種活法，就有一百種的痛苦與歡樂的歷程。

　　快樂是什麼？只要你不向命運低頭，積極向上，就會快樂。

　　千百個人有千百種活法，每個家庭的生活也各不相同。但是，無論老少貧富，只要對人生充滿信心，都可以活得很充實，把生活過得很美滿。

　　有一對年逾古稀的白髮老夫婦經常到街心公園。老先生是個半邊癱瘓的病人，他一隻手拄著一根拐杖，另一隻手臂就搭在老伴的肩膀上。老伴右腳的繩圈，用力提拉著老先生那殘廢的右腳，幫助老先生一小步、一小步地往前挪動。這對老夫婦在眾人的注視下，卻總是那麼坦然自若地相攜而行。他們臉上總是布滿笑容。

　　愛爾蘭詩人威廉‧巴特勒‧葉慈（William Butler Yeats），曾為愛人寫下這樣的詩句：「多少人愛你青春歡暢的時辰，愛慕你的美麗、假意或真心，只有一個人愛你那朝聖者的靈魂，愛你衰老的臉上痛苦的皺紋。」當一個人擁有健康、財富和青春美貌時，要得到愛情和歡樂，是輕而易舉的。然而，當一個人年老體衰、貧病交迫之際，卻仍能夠擁有忠貞的愛情和歡樂的生活，這才是彌足珍貴的啊！

第三章　好習慣營造好心境

　　人生是一棵常青樹。它只有在愛的沐浴和光照下，才能鬱鬱蔥蔥，茁壯成長。

　　空氣中彌漫的氣息都會影響我們的情緒，保持居住環境的通風、明亮，是創造擁有好心情的第一步。腦海中要常常保持積極的信念，相信自己可以健康，相信自己值得被愛，相信自己能找到完美伴侶，相信自己有價值，相信自己可以輕易地得到快樂。

　　人的情感有積極與消極之分。一般來說，喜、樂、愛是積極的情感，它們能增進身心健康；而怒、悲、惡是消極的情感，憂、思、哀、恐、驚也屬於此列，它們對於身心健康有所損害。正因為如此，我們古代的思想家、醫學家、養生家都是提倡喜、樂、愛。

　　孔子說：「樂以忘憂，不知老之將至。」《內經》中寫道：「悲哀悉憂則心動，心動則五臟六腑皆搖。」《管子》亦說：「憂鬱生疾，疾困乃死。」既然快樂可以使人忘掉憂愁，自然就會避免病痛。

　　人們都希望人生中充滿快樂，如果沒有快樂，人生就會像機器缺少潤滑油那樣不能正常地運轉，就會枯燥乏味，無論品嘗什麼都食而無味，無論看了什麼都心生厭倦，人們只是履行義務。失去快樂，世界就會了無生氣。

當一個傳遞快樂的天使

　　人類是個相互依賴的群體，在社會中生活，誰都離不開誰。因此，和諧的人際關係，對一個人能否在社會中順利成長、有所成就至關重要。但在現實生活中卻不是每個人都能擁有和諧的人際關係，因此或多或少直接影響到工作和生活。

　　每個人都有許多讓別人欣賞的優點，雖然不會有十全十美的人，但也不會有一無是處的人。與人相處時，一定要善於欣賞別人的優點，尊重別人的舉動，這樣才能獲得和諧的人際關係。

　　某公司的破產情形頗具說服力。這家公司的老闆姓劉，一貫生活嚴謹、嚴格守時。新招聘的一位員工小宋令他很不舒服。雖然小宋在行銷部裡業績最好，但他不修邊幅的穿著、屢說不改的遲到「惡習」經常受到劉老闆的批評。而小宋則認為「我只是來公司上班，能為你賺錢就行了，所以無所謂。」在小宋又一次遲到後，兩人發生了爭吵，小宋自覺受到侮辱（老闆說他如果這樣下去就永遠只是上班族的命），憤而辭職，轉投另一家經營同類產品的公司。那家公司的老闆對小宋才能非常欣賞，並委以重任。對此感激不盡的小宋在工作中十分賣命，並將矛頭對準了前老闆的公司。由於他對前老闆的公司非常熟悉，過沒多久，前老闆的公司就在競爭中敗下陣來。

前老闆公司的破產與其用人的態度直接有關。如果他善於欣賞別人的優點，小宋就不會另投他門，更不至於反戈一擊。而他的競爭對手就聰明得多，他在充分發揮小宋長處的同時，也為自己的公司帶來了巨大好處。

　　高明的人懂得欣賞別人的所作所為，而不是去挑剔別人。人與人相處要善於讚揚別人的優點，不去指責別人的缺點，更不能盯住別人的短處死咬不放。

　　現代社會的一大弊病是「以自我為中心」心態普遍存在。隨著家庭組成的改變，這一問題日益突出。

　　小張以優異成績考入一所大學後不到半年，就被「退學」回家。主要原因就在於小張太以自我為中心，自私自利心態嚴重。他是家裡的獨子，從小嬌生慣養，是所有人都必須以他為中心的「小太陽」，稍不順心就大吵大鬧，直到父母讓步為止。上學後情況更為嚴重。為了和小張同時吃早飯（否則小張不吃），小張爸爸甚至辭去了一份收入不錯的工作，小張在做作業和睡覺時更是不允許父母發出一點聲響。可上了大學後，在宿舍裡，他卻不能這樣，他開始抱怨別人睡覺時的打呼聲，指責別人晚睡覺的習慣，與同學的關係極為緊張。期中考成績的不理想更打擊了他的自信心。當一個同學不小心碰了他的水瓶後，他更是認為別人故意找麻煩，並把同學打成重傷。就這樣，他提前結束了短暫的大學生活。

　　小張被退學的原因在於其「以自我為中心」的心態作祟，他沒有意識到自己只是社會中的一員，並沒有高人一等的地方。這種心態導致到處碰壁，使得他心態不平衡地生活在緊張的人際關係中，最後與人發生衝突。

　　要時刻反省自己是否有「以自我為中心」的心態，是否有總是以自己為出發點來思考問題的傾向。如果存在，則應及時修正，把自己的注意力投向他人，在關注別人的同時做出自己的選擇。

　　生活中，有很多人出於「要面子」的心理，在與人交往、與人合作的過程中，不願敞開自己的心扉，不願暴露自己的弱點，在表現出「完人」形象的同時，也讓自己失去了改正弱點和錯誤的機會；別人不知你的弱點，當然也提不出對你有益的忠告。其實，敞開心扉，並不會傷你的自尊，反而可贏得別人的信賴，這也就是所謂的「以心換心」的含意。

　　小劉的故事就很耐人尋味。由於在家中排行老么，從小備受照顧，導致他獨立自主能力很差，明明是自己可以做的事也不敢去做，在很多人眼裡他難成大器。工作以後，科長派他獨自到外地出差談一筆業務。這可讓他非常為難：不去，這是上司第一次安排的工作；去吧，自己又實在沒這個勇氣。萬般無奈之下，他敲開了科長的家門。他沒有編造什麼藉口，而是「實話實說」。出乎意料的是，科長並沒有批評他，而是善解

人意地派別人與他一起同去，並在以後的工作中有意地鍛鍊他獨立工作的能力。時間一久，他發生了很大轉變，工作也做得有聲有色。在大學同學的聚會上，他的表現讓昔日的同學大吃一驚。

小劉之所以能發生這樣的轉變，主要來自於他敞開心扉的勇氣以及由此而得到的及時幫助。設想一下，如果他編造藉口逃避出差而不是承認自己弱點的話，他是不可能會發生如此大的改變。

暴露自己的缺點，有時候並非壞事，對於自己的合作者來說更是如此。勇於敞開心扉，是一種大智慧。只有如此，才能換取別人的信任和幫助，在提高合作績效的同時完善自己。

在生活的道路上、在工作中，難免會遇到困難和挫折，在此情況下，更需要別人的關心、愛護和幫助。這種關心和愛護既能得到安慰，又能增添其克服困難、繼續前進的勇氣。所以，生活中的每一個人，都應有關心、愛護別人的想法，因為在你看來可能是微不足道的一點幫助、一點關懷，卻會對別人產生很大的作用。

以下的例子就很有說服力。在高一時，向來成績不錯的小可，突然在期中考試時國文、數學、英語三門課都不及格。教數學的劉老師看到後非常著急，特地把他叫到辦公室，耐心地詢問他生活、課業中是否遇到什麼問題。看到他衣著單薄，還

硬拉著他出去買了一件厚毛衣。小可雖沒有向老師說明原因，但是在以後的課業中卻迅速地趕了上來，重新成為班上的前幾名，並在高考時考入一所大學的數學系。他在給劉老師的信中寫道：「當初，由於父母不和，我在家裡體會不到溫暖，便因此失去對生活的信心。那次考試我是故意的，我就是想看看人世間到底還有沒有人關心我。可是，國文老師對此無動於衷，英語老師只是用一種異樣的語調念完我的分數又輕蔑地看了我一眼。只有您對我噓寒問暖，關心備至，讓我體會到一種父親般的關懷。真的，在以後的日子裡，我始終把您當作父親看待，並立志成為像您這樣的老師。」

　　這封信讓劉老師出了一身冷汗，他萬沒想到自己的無意之舉背後竟有如此「驚心動魄」的故事，也暗自慶幸自己沒有像其他兩位教師那樣做。在以後的教學中，劉老師更加注意關心、愛護學生。這充分說明了人與人之間的關心是多麼重要。

　　互相關懷、互相鼓勵，應是處世待人的基本態度。人人都具有這種心態，才能在順利完成自己工作的同時，最大限度地促進別人的成功。

學會合理地安排生活

　　為什麼我們活得越來越壓抑，越來越沒有自己的空間。我們終日被線上遊戲、電視、電影、健身場所、主題樂園和娛樂中心所淹沒。事實上，這些項目對我們已失去誘惑力，很難讓我們感到興奮和刺激。有時候我們寧願呆在家中看看書，或者甚至什麼都不做，也不願出去。還有一點就是，現在的娛樂花費也比較大，想要去玩，就要捨得掏腰包。

　　其實，我們應該仔細地想一想，是什麼或是誰躲在娛樂業的後面呢？大企業是不會為了自己的產品上電視、電影，甚至企業捐款行動卻步的。下次當你在電視臺中看到傢俱、食品或衣服的時候，記著，它們不是無端出現的，而是為一些產品做廣告呢！

　　當然，這並不是否定所有的電影和電視節目，而是想讓大家更加關注我們自己的快樂之道。如果我們只是每天從事著各種娛樂項目，而沒有考慮一下這些娛樂項目被後的意義和價值，那我們就是經由娛樂葬送我們的精神。

　　不妨拿出一張紙來列一個表，把自己自製的娛樂方式和價格合理的娛樂項目列出來。想想野炊或野營，自製個輪船模型，鍛鍊一下身體或種點花草，甚至讀書、畫畫、寫文章都是挺有趣的！過時的娛樂、遊戲和活動較實惠，同樣會讓你們每一個人都感到開心！

　　偉大的哲學家尼采（Friedrich Nietzsche）曾經寫道：「所有的偉大思想都是在散步中產生的。」生活中一些不起眼的行為就能讓你感到輕鬆舒適，散步就是其中最好、最簡單、也是最廉價的一種。那麼，我們還猶豫什麼？不要說沒有時間，時間是可能擠出來的！不要說你居住的地方人太多，空氣品質很差，這都只是藉口。快步走路可能會讓你感覺更好，那麼來吧！花半個小時快速走一走，這會讓你精神振奮、心情舒暢起來的 —— 特別是陽光明媚的天氣裡。陽光對我們的生理和心理狀態都有明顯的作用，缺乏陽光的照射，心情就會變得鬱悶；即使外面不是豔陽高照的天氣，自然的光線也可以讓你心情開朗。

　　如果你想改變，那麼不要猶豫。人們經常說，除非他們找到最適合他們的途徑，否則，就會心神不寧。但是，在選擇中考慮並做出決定也是很明智的，沒有立場、沒有主見才是最危險的。當斷不斷，必受其亂。必要的時候立即做出決定是正確的，不要什麼都不做，浪費時間等待是不可行的。這並不意味著要你邁出一大步，而是要提醒你，不要陷入總是「不……就」，「若是……那該多好啊！」的思考模式中，不要杞人憂天，庸人自擾。「明日復明日，明日何其多？」，所以不要猶豫，從現在開始，做一個全新的自己。

微笑的習慣為你帶來好運

　　微笑可以給你帶來好運氣。在一個適當的時候、合適的場合，一個簡單的微笑可以創造奇蹟；一個簡單的微笑可以讓陷入僵局的事情豁然開朗。

　　微笑就像一塊磁石吸引著別人。當客人來訪或是你走進一個陌生的環境，由於陌生和羞澀，往往會端坐不語或拘謹不安。這時，你若微笑就能讓氣氛放鬆，消除彼此間的戒備心理和陌生感，相互產生良好的信任感和親近感。

　　有一次，底特律舉行了一次盛大的遊艇展覽會，人們爭相參觀。在展覽會上人們可以參觀各種船隻，從小帆船到豪華的巡洋艇應有盡有。這期間，有一宗大生意差點丟掉，但第二家遊艇公司用微笑又把顧客拉了回來。

　　一位來自中東某一產油國的富豪，站在一艘展覽的遊艇面前，對站在他面前的業務員說：「我想買艘價值 2,000 萬美元的遊艇。」當然，這對業務員來說是天大好事。可是，那位業務員只是愣愣地看著這位顧客，以為他是瘋子，不予理會，他認為這位富豪在浪費他的寶貴時間，看著業務員那沒有笑容的臉，富豪便走開了。

　　富豪繼續參觀，到了下一艘陳列的遊艇前，這次招待他的是一位熱情的業務員。這位業務員臉上掛滿了親切的微笑，那微笑就跟太陽一樣燦爛，讓這位富豪感到非常愉快。於是他又

一次說：「我想買艘價值 2,000 萬美元的遊艇。」

「沒問題！」這位業務員說。他的臉上掛著微笑，「我會為您介紹我們的遊艇系列。」隨後，便行銷了他的產品。

在相中一艘遊艇後，這位富豪簽了一張 500 萬美元的支票做為定金，並且他又對這位業務員說：「我喜歡人們表現出一種對我非常有興趣的樣子，你已經用微笑向我行銷了你自己。在這次展覽會上，你是唯一讓我感到我是受歡迎的人。明天我會帶一張 2,000 萬美元的保付支票過來。」言出必行，第二天他果真帶了一張保付支票回來，買下了價值 2,000 萬美元的遊艇。

這位熱情的業務員用微笑把自己行銷出去了，並且連帶著行銷了他的遊艇。據說，在那筆生意中，他可以得到 20% 的利潤，這可以讓他少辛苦半輩子。而那位冷冰冰的業務員，則讓自己與好運擦身而過。

看，這就是微笑的魅力。可見，養成微笑的習慣是多麼的重要。

一些人不懂得利用微笑的價值，實在是一種悲哀。因為，微笑在社交中能發揮意想不到的結果：無論在何時何地，遇到朋友，只要你以笑面對，立刻就會顯示出意想不到的良好效果來。難怪有許多專業業務員，每天清早洗漱時，總要花個幾分鐘時間，面對鏡子練習微笑，甚至當成每天例行工作。

美國聯合航空公司有一個世界紀錄，那就是在 1977 年載運了最大載客數的乘客，總人數是 3,556 餘人。聯合航空公司宣

稱，他們的天空充滿友善和笑容。不錯，他們的微笑不僅在天上，在地面時就已經開始了。

有一位女士去參加聯合航空公司的招聘，她沒有任何「後門」關係，完全是憑著自己的本領去應試。她順利通過了面試，原因就是她的臉上總是帶著微笑。

令她驚訝的是，面試時，主考官在講話時總是故意身體背著她，你不要誤會這位主考官不懂禮貌，他是在體會這位小姐的微笑。因為她面試的職務是透過電話來處理有關預約、取消、更換或確定飛機班次的業務。

那位主考官親切地跟她說：「小姐，妳被錄取了，妳最大的魅力就是妳臉上的微笑。妳要在將來的工作中充分發揮它的作用，讓每一位顧客都能從電話中體會出妳的微笑。」雖然沒有太多人會看見她的微笑，但透過電話，他們依然可以感受到她的微笑。

微笑因幸福而來，幸福伴隨喜悅而生，即「情動於中而形於外」，只要放下憂鬱，你就能保持輕鬆愉快的心情，你的臉上就會時時掛著幸福的笑容，並感染他人，而他人的微笑又反過來強化你的愉悅和微笑，生活就會充滿色彩與快樂。

快樂是微笑的基礎，微笑是快樂的表現。現代醫學證實，發自內心快樂的笑容，能刺激內分泌腺體分泌激素，讓血流加速，強胞吞噬功能增強，更有利於人的健康。此外，發自內心

的微笑與增強大腦功能有著密不可分的關係，能使腦下垂體釋放一種歡快物質，以減輕壓力，提高興奮度，調節神經系統功能，阻斷疾病的惡性循環。總之，內心快樂的人吃也香甜、睡也安然。發自內心快樂的微笑，對於袪病抗衰老可起到妙不可言的作用。

對於笑能治病與健身的例子很多。美國有一位醫生寫了一部《笑有益於血液》的書，書中講述了一個真實而生動的例子，一個叫庫恩斯的美國記者，突然患了一種「結締組織病」的疾病，讓這位記者非常痛苦。

這種疾病在當時是不治之症，然而堅強的庫恩斯並沒有絕望，他想起了一句「悲傷會致病，快活會治病」的格言。於是，想出一個自療法，先讓自己的精神振作起來，忘掉痛苦，同時，找來一些喜劇影片，讓護士放映。庫恩斯驚奇地發現十分鐘的發笑竟有明顯的鎮痛效果，而且睡眠也比以前安穩多了。後來，他乾脆搬出醫院，自己安排生活，發自內心的笑成為他每天的必修課。10年過去了，庫恩斯仍奇蹟般地活著，不但沒有被病痛折磨，身體也很健康。

著名的生理學家伊凡・彼德羅維奇・巴甫洛夫（Ivan Petrovich Pavlov）曾說過：「愉快可以使身體發展，體格強健。」不要抱怨命運的不公、時運的不濟。歡喜和憂愁煩惱都是自己的選擇，我們每個人都是以一聲啼哭來到這個世界。但

願微笑能陪伴我們走完人生的旅程，這是生命的真諦，人生的追求。

　　為什麼做同樣的工作，處於同樣的環境之中，有的人悠閒自在，遊刃有餘，有的人卻抱怨工作壓力太大，生活沒有樂趣？

　　學會放鬆你自己的每一根神經，在快樂中盡情享受美好的人生，是我們的志趣之所在。要做到這一點，其實並不難，其中的奧祕就在於合理地分配你的時間，也就是說妥善地處理好工作與生活、忙碌與悠閒之間的關係。

　　人生確實需要工作，因為工作、因為勞動，我們得以生存，得以發展。然而這絕對不是人生的全部。人生不僅需要工作，也需要休息，不僅需要忙碌，也需要悠閒。戰鬥之後要休整，進食之後要消化，遠航途中要停靠港灣。人生如果沒有悠閒，就像一幅國畫畫滿了山水而不留一點兒空隙，缺乏美感。人生沒有悠閒，就不能咀嚼、領悟、享受人生。如果人生對你來說，像豬八戒吃人參果一樣，吃過了，還沒有品過味道，那該是多麼令人遺憾啊！

　　悠閒其實符合自然的本性。牛羊在山坡上悠閒地吃草，鴿子在天空中悠閒地飛翔。鴿子飛翔並不只是為了覓食，牛羊吃草也並非拚命吃飽；沙漠的小草在乾旱時休眠，原野上的草也是一歲一枯榮。

然而，我們人類呢？自然界中最忙碌的動物，恐怕非我們人類莫屬了。有的人像上足發條的機器一樣，從早晨到晚上忙個不停，從職場到家庭忙個不停。年輕時忙於求學、求知，成年以後忙於工作，忙於賺錢，忙於「五子登科」。忙啊忙，一直忙到兩腿一蹬，撒手西去。林語堂曾感嘆過：「人們為生活而勞苦工作，憂慮到頭髮發白，甚至忘掉遊玩，真是不可思議的文明！」有位諾貝爾文學獎獲得者也感嘆說：「現代人有了汽車，有了電話，他們卻仍然忙忙碌碌。現代人為什麼比古人還要忙呢？」

在今日這個世界上，許多人為了錢、為了權、為了所謂的人生理想而忙個不停。或許經過一陣的忙碌、一陣的勞心費神，你得到了錢，也得到了權，然而你可知在你嘔心瀝血地忙碌的同時，你所失去的東西其實更多，而且有些東西是你用錢也無法買到的。

首先是健康。整日奔波忙碌，若是飲食無規律，睡眠不定時，必會損害你的健康。許多職業病都是由此而引發的。問問醫生就會知道，忙碌過多的人，容易患高血壓、胃潰瘍、心臟病等疾病。而從整個人生來說，因為忙碌而損害健康，縮短壽命，勢必減少人生能量的發揮，讓本來應攀登的高峰來不及攀登，讓本來應該完成的事業來不及完成。這豈不就是人們常說的欲速則不達？表面上似乎節省了時間，延長了人生，但實際

上卻因此而損害了健康，縮短了壽命，讓你本來雄心勃勃的計畫付諸東流。這筆買賣做得實在不合算。

其次是智慧。有科學家嚴肅地指出，過度的勞碌不休會阻滯個人智慧的良好發揮；而與之相反的，悠閒有時卻是智慧的朋友。所謂的「業精於勤荒於嬉」並不完全正確。所謂的「不假思索」在很多情況下完全靠的是習慣與經驗，於思考、於智慧本身則無所裨益。悠閒卻不一樣，悠閒是思考的好時光。當手腳的忙碌暫時舒緩以後，大腦就可以更安靜地思考。英國科學家歐內斯特·盧瑟福（Ernest Rutherford）有一次深夜到實驗室去查看，看到一個學生在忙著做實驗。盧瑟福問學生：「你在忙些什麼呢？」學生回答：「在忙著做實驗。」盧瑟福又問：「上午在做什麼呢？」學生回答：「在忙著做實驗。」盧瑟福又問：「上午在做什麼呢？」「也在做實驗。」學生回答。「那下午呢？」學生又告訴老師：「還是在做實驗。」這位學生以為自己這麼努力，老師一定會表揚自己。但是老師卻皺起了眉頭，問他：「那你什麼時候才有空思考呢？」學生被老師的問題問住了。「學而不思則罔，思而不學則殆。」在悠閒的時間裡，大腦可以用來靜靜地思考。科學史上大量的例子顯示，忙碌之後的悠閒是創造的黃金時間。阿基米德定律產生於浴盆，蒸汽機關鍵設備的發明構想是詹姆斯·瓦特（James Watt）在草坪上散步的時候得到的。許多文學創作也是這樣，高爾基（Maxim Gorky）在劇場、屠格涅夫（Ivan Turgenev）在旅遊途中，產生了創作的靈感。

　　悠閒中更可以細細地品味人生、反思自我。當一個人忙忙碌碌地朝著一個目標前進的時候，當一個人一心一意地為事業奮鬥的時候，他一定無暇細品生活的滋味，無暇細想自己的人生之路是怎樣走過來的，也無暇細想這條路上的成敗得失。人只有在一定的悠閒狀態下才能站在一種比較超然的高度回顧人生、總結人生、觀照人生，去發現人生路上的美好，去洞察人生的種種缺憾，使自己更加成熟。

　　人生是一個物質過程，同時也是一個精神過程。一個會生活的人，必定會自覺地按照生活本身的辯證法生活。他一定會緊張地忙碌，也一定會適時地休閒。他的生活有張有弛，即使在很忙碌的時候，也會忙中偷閒。人的生活應該像首詩，像首樂曲，既有節奏快速的片段，也有舒緩優雅的章節。

　　不少城市白領都有過這樣的體驗：整日裡在公司忙忙碌碌的，這邊的工作還沒有完成，那邊的工作任務又分派下來了。面對堆積如山需處理的檔案，在心情煩躁的時候，真想把這些檔案撒得滿地都是，才能稍稍發洩自己不滿的情緒。面對著永遠做不完的工作、任務，有時候真的想什麼都不管了，拋下手頭的工作去散散心。其實當你面對沉重的工作任務感到精神與心情特別壓抑的時候，真的應該出去散心、休息。一方面，從做好工作的角度講，專家指出當你心情煩躁、不安、沮喪的時候，也是你工作上出錯率最高的時候。因為這個時候你的腦力使用已經到了極限，就像一張弓一樣，再輕輕拉一下說不定就

會折斷。這個時候就應該放下手頭的工作，做一些你認為能放鬆自己的、與工作無關的事情，當你感到身心的疲憊感已經逐漸消失，心情比較輕鬆後，再回到工作中去。這時，你會覺得處理起手頭的事務來比以前得心應手，效率也會明顯地提高。

「磨刀不誤砍柴工」，說的就是這個道理。另一方面，從你自身的角度考慮，當你在面對讓你喘不過氣來的工作壓力並感到心情煩躁，甚至有一種莫名的發洩欲望時，也許就意味著，你到了必須採取措施去緩解這種壓力的時候了。如果你還是一如既往地忍耐忍耐再忍耐，那麼，你的不滿情緒就會像岩漿一樣逐漸地儲存起來，並且不斷地加大壓力，當這種壓力加到了一定的程度時，就會突然來個總爆發。心理壓力的總爆發會嚴重地損害你的心理健康，可能會讓你精神失常。這絕不是危言聳聽！所以在工作過程中當你感到心情煩躁，並且確信這種不好的心情是來自於對工作壓力的不滿時，你不妨採取放鬆自己的辦法，慢慢地釋放自己的心理壓力，從而保持自己的身心健康。

該放鬆時就放鬆，不要總是牽掛。放下手頭的工作，好好放鬆一下，去釣魚、去爬山、去觀海，確實能夠消除我們工作中緊張的情緒與心理壓力。如前所說，放鬆既是提高工作效率的一種方法，也是保證自己身心健康的一種必要途徑。然而，這只是就徹底地放鬆自己而言。

該放鬆時，你應該學會轉移你的注意力與興趣。去釣魚時，多想想如何選址、該帶哪些漁具等等；去爬山時，多想想

該約哪些夥伴、去爬哪座山、需要哪些裝備等等。這個時候，最大的忌諱莫過於你已經放下了手頭的工作，腳已經邁出了辦公室的門，而心裡念念不忘的卻還是這項工作究竟該如何去做、明天可能還會有多少工作要做等等。一想到這些你便會頓感遊興索然，不但真正地耽誤了你的工作進度，而且更為嚴重的是，這樣做的後果是讓你的焦慮程度非但不會減輕，反而會加大。要是那樣的話，你還不如不去「放鬆」呢！

讓積極樂觀成為一種習慣

《紅樓夢》的作者曹雪芹，借跛足道人之口在書中唱了一首「好了歌」：

世人都曉神仙好，
惟有功名忘不了！
古今將相在何方？
荒塚一堆早沒了。
世人都曉神仙好，
只有金銀忘不了。
終身只恨聚無多，
及到多時眼閉了。

這滿口「好了」的詞兒，究竟是何意思？那跛足道人只道：「你如果聽見『好了』二字，還算你明白；可知世上萬般，好便是了，了便是好；若不了，便不好；若要好，須是了。——

我這歌兒便叫『好了歌』。」

　　聞此言，人們才恍然大悟：原來跛足道人在他的「好了歌」裡，淋漓盡致地披露著他透徹人生的感悟。

　　這種感悟，其實是勸戒人們在人生的長河裡，能不被外物所誘惑。倘若果真能夠如此，那便沒有煩惱了。這樣，你就有可能達到「好」的境界，與快樂相約到老。

　　在過往歷史中，我們可以看到，放棄一切雜念，努力實踐樂生與美生、瀟灑與自在相統一的人也不勝枚舉。東晉時期著名的田園詩人陶淵明，就是其中一位頗具代表性的人物。

　　陶淵明自幼聰明好學，熟讀各類詩文，尤其喜歡作詩、寫文章，而且志向很高。「寧為玉碎，不為瓦全」，恰是對他那種雄心壯志的絕妙寫照。但是那時候，門閥士族把持了國家大權，不是出身世家的人就不能當官，特別是不能當大官。出身低微的陶淵明，根本不可能得到應有的重視。他的才學長期被埋沒，年過三十，才開始步入仕途。雖為官十多個春秋，但不過是一些縣令、參軍等小官職，無法實現他的偉大抱負。在幾次出仕的過程中，他逐漸看清了掌權者內部的勾心鬥角和官場的黑暗、腐敗。因此，他越來越厭惡官場生活，更不恥於與那些過著奢侈、荒淫生活的人同流合污，心情很抑鬱。他曾一次又一次地思索：如此下去，既無法施展自己的才幹，又無法實踐自己的高尚志節，還要為官場上的應酬而浪費精力，真是令

人傷心。為此,他先後三次辭退官職,回到鄉下過清淡的生活。最後,憤然辭去彭澤縣令。

有一年中秋時節,一位代表太守的督郵來彭澤縣視察,縣裡的小吏請陶淵明束帶相見,以示尊重。這樣做,當然不是小吏的別出心裁,而是按規定必須穿戴整齊去迎接上司派來的欽差,還要畢恭畢敬地向他行禮。陶淵明不願這麼做,便對縣衙的人說:「我不為能五斗米折腰!」言下之意,就是說我怎麼能為了五斗米的俸祿去向自己不欣賞的人俯首貼耳呢?於是便把縣官的官印交了出來,回鄉隱居,並且寫了傳頌千古的〈歸去來兮辭〉,以示和惡濁的官場決裂,後人常把「歸去來兮」比喻為不在名利場上競爭奔波。

陶淵明回到家鄉,隱居於廬山腳下,過著白天田間耕作、晚上休息,靠自己「躬耕自資」來維持生活。雖然貧窮、勞累,但日子卻過得悠然自得。他和鄉親們一起下田耕耘,一起喝酒聊天,感到心情舒暢、快活。在他不少膾炙人口的詩歌中,不僅描繪了鄉村清新淡雅的田園風光,也反映了淳樸、善良的農民的思想感情。

陶淵明在詩中,把田間耕作寫得詩意盎然,絲毫不以為苦,反而把勞動當作一種樂趣,又反映了他自己不與黑暗統治者妥協的決心。「采菊東籬下,悠然見南山」等名句,則更加惟妙惟肖地展示了詩人熱愛自然和豁達樂觀的心境。

陶淵明晚年，生活更是貧困，但他對自己的選擇從不後悔。就是在這種貧困潦倒的困境中，他寫出了一篇充滿理想色彩的〈桃花源記〉，構思了一個土地肥沃、人情淳樸，養蠶織布，人人過著美好生活，春耕秋收的烏托邦式的社會，充分表達了他對理想世界的渴望，也充分顯示了他瀟灑自在、樂觀向上的人生態度。

你來自人世間，要想活得瀟灑，活得自在，活得快樂，應需要有一種樂觀向上的情懷。如果人人都有一種樂觀向上的態度，面對任何危難就不會慌恐、不會憂鬱、不會煩惱了。

曾有個故事：

小安到手術室去了，白色刺眼的病房裡，她的媽媽流著眼淚給我們拿出她心愛女兒的照片 —— 她美麗的少女時代，她兩年前在校園裡活潑健康的寫照。

1998 年 2 月 13 日，春節前 3 天，正在大學就讀的小安被發現患了骨癌 3 個月後，鋸下左腿。

小安，這個剛滿 21 歲的女孩，正被癌魔無情吞噬著身體，然而，她讓人看到的卻是依然燦爛的笑容。

兩天來，護理人員在醫院的腫瘤科病房裡，感受著骨瘦如柴的女孩生命的魅力。

小安是個活潑好動的女孩，從小喜歡游泳、喜歡溜冰、喜歡打羽毛球。坐在病床上的小安有手勢比劃著流暢的游泳曲

線，說：如果科學給我安上一條尾巴，我就可以自由自在地游泳了……

小安說：「我有腿的時候，很少做夢，現在經常做的夢就是飛。我長了一雙美麗而透明的翅膀。夢中的爸爸經常像放風箏一樣把我放飛。」

幾年來，小安頑強地和疾病爭奪生命。她忍受著常人難以想像的疼痛。但老天還是考驗著她，劇痛再次侵擾她，疼痛讓她在地上打滾，她在疼痛中艱難的說出一句話：「只要能保住生命，再苦我也要治療。」

她疼痛難忍的時候，就唱歌、誦詩、讀英語和病友說笑話，直到自己再也沒有力氣說話。

小安就像所有女孩子一樣愛美。有一次和母親一起到醫院販賣部，她和媽媽討論哪種洗髮精更能護理頭髮時，忽然才想起自己的秀髮因為化療上已掉光了……

光頭的小安看上去也不難看，戴上母親用兩條手絹做成的小帽子更顯純真可愛，像個小兔子。

因為病痛，沒有上大學成為她的心病。然而她沒有放棄，病床上擺著各種書，她打算自學考試。在醫院治療時，家人為圓她的夢想，用輪椅推她到臺大，並在校門前留影……

小安清楚地知道自己的狀況，但她更加珍惜每一天。她有一個心願，那就是站得很高，看看美麗多姿的世界。

第三章　好習慣營造好心境

　　醫院護理人員與小安的親人為完成小安的心願，搭車載著小安到 101 大樓樓下後，用輪椅推著小安搭著電梯到 101 的觀景臺。在 101 層的觀景臺上小安俯瞰整個臺北，她緊靠淡綠色的玻璃幕牆，看著腳下她生活的世界，自言自語道：「生活多麼美好啊！」

　　月有陰明圓缺，人有旦夕禍福。這就是說，生活的現實難免波折不斷。有許多事情，往往總是會超出人們的意料，超出人們的支配能力。試想：誰能料到自己何時失業、何時發財呢？誰又能料到自己何時健在、何時病倒呢？如此等等，都是難以預測的啊！應該記得的是：面對無端的橫禍或病痛，你是從容自如、清心自然、樂觀向上？還是誠惶誠恐、憂鬱煩惱、悲觀失望？這就涉及到對人生的態度。同時，如何對待生活中的不幸，也反映著人們的思想觀念。

　　小安之所以微笑著面對癌症，是因為她熱愛生活、熱愛生命，或者說在於她熱愛豐富多采的世界，熱愛美好的人間。正是由於她的這種態度，才能在面對病魔時，擁有樂觀向上的態度，才能為人所欽佩。有人曾問小安：「妳在這個時候為何還如此快樂？」小安笑笑，毫不遲疑地回答道：「一個人如何懂得了用積極的態度去對待生活，對待人生的話，那麼，他面對任何困難痛苦就都不會煩惱和憂傷了。」

　　這實在是一種新樂觀的情懷，一種用愛心和快樂鋪成人生之路的豁達心胸。

換個不同的生活方式

　　每天都有快樂從人們身邊走過，但問題是如何才能抓住快樂，讓每一天過得都非常有意義？

　　早上當你醒來時，不要立即穿衣洗漱，躺在被窩裡，花一點時間，慢慢去體會一下你的感受。伸展你的手臂，然後慢慢放回原位，把腳放在床上，提醒自己今天到來了，回想一下快樂的事，讓自己真正「清醒」。把自己想像成一個具有明亮眼睛，濃黑頭髮，整裝待發的人，讓自己精神煥發！

　　深呼吸三次，新鮮的空氣可以激勵人的心緒。放下昨日的一切不順心，大聲喊：「我已經把昨天的一切不愉快忘掉了。」然後把腳挪到床邊站起來。想像美好的一天開始了！舉起手臂，深呼吸，想像太陽的光芒照耀在你的臉上，帶給你新的希望和快樂。放下手臂，緊握雙手，做一個小小的總結，比如：「我是一個充滿活力的人。」

　　快樂是什麼？快樂來自於「簡單生活」。文明只是外在的依託；成功、財富只是外在的榮耀，真正的幸福來自於發現真實獨特的自我，保持心靈的寧靜。

　　一項統計顯示，在美國社會中，一對夫妻一天當中只花 12 分鐘進行交流和溝通；一週之內父母只與子女相處 40 分鐘；約有一半的人處於睡眠不足的狀態。時間的危機實際上就是感情的危機。每個人每天好像都在為一些大事瘋狂地忙碌，然後疲

憊不堪，沒有時間顧及其他。每個人都在勞動、都在創造，但生活真的變好了嗎？

　　美國心理學家大衛‧邁爾斯（David G. Myers）和埃德‧迪納（Ed Diener）已經證明，財富是衡量幸福標準最差的辦法之一。人們並沒有隨著社會財富的增加而變得更幸福，相反地，物質的進步有時反而令人作繭自縛。舉一個很簡單的例子，電話、傳真、電子郵件已經成為許多工作不可缺少的幫手，但如果每天的工作都要面對源源不絕的電子資訊，就很可能令人產生「資訊疲乏併發症」。許多企業界的經理和資訊業的工作者抱怨，每天必須接聽的電話和必須處理的電子郵件，造成他們精神上莫大的壓力，「資訊疲乏併發症」甚至會造成長期失眠，嚴重影響健康。至於伴隨文明發展而來的噪音、污染等問題則是人盡皆知的了。

　　但是，許多人在這樣的生存空間下感到「習慣」。習慣控制著我們的生活：你習慣每天早上7點起床，早餐的食譜基本是固定的；之後瀏覽固定的一份當日報紙；之後準時上班，不會注意沿途新開的商店和重新修整的草坪，想的是今天的工作時間表，從不遲到；工作更是一些例行公事和慣例的做法，包括與下屬吃飯，與客戶吃飯，與公司的經理共進午餐等等；回家後的事情也是固定的。

　　習慣固定了人們的思考模式，讓生活成為機械化的程式，造成了你的生活和你的心情。你有了固定的軌道和角度，可能

只對自己的觀念感到愉快，卻無法接受別人的或者新的觀念。

習慣性情緒越多，個性也就越封閉，從而逐漸失去創新的想法和動力，讓我們成為受習慣支配的機器。

在習慣的支配下，我們對這個嘈雜的世界、混亂的時空沒感到有什麼不對勁，也許只有到臨終的時候，才會悲哀地發現，自己的一生，原來是這麼的不幸福。

早在 1732 年，哲學家湯瑪斯‧富勒（Thomas Fuller）就寫過：「滿足並不在於累積更多的燃料，而在於多帶走一些火。」這句話是勸人別老是發火、生氣。脾氣暴躁真是一種很令人討厭、很具破壞性的病毒，它幾乎影響到現代社會的每一個人。

富勒的話告訴我們，不要太看重外在的物質和現象，反忽視了內心的真正需求。不要讓那些不愉快的情緒所羈絆，現在就開始把那些可能給你生活帶來快樂的事情做了吧！比如：說出未曾說出口的話，或者買個更舒適的汽車。雖然人們總是在「當我……實現……」或「當……變好」或「當……成功」、「我就要……」，而事實上，當目標真的實現以後，你就會發現又有新的期望和新的煩惱出現。如果你把可以帶來快樂的事情總是放在一些「實現」、「變好」、「成功」之後，你就永遠得不到快樂和滿足。

將今天變成簡單而又滿足生活的第一天。不再遵循「當我實現……時」，煩惱就會消失。每天追求這些、追求那些，永遠都得不到滿足。最重要的是別和自己過不去，想做、該做的

就做，讓自己的腦子得到一點平靜。

生命永遠不可能再回到起始地點、起始時間，這是宇宙間最恆久的規律。不管我們喜歡不喜歡，隨著時光流逝，沒有一樣東西會停滯不前，我們必須接受一切變化。

琳達的丈夫要調到距她的親友千里之遙的一個城市去，這即將面臨的變化令她非常沮喪，她認為自己將無法適應新環境，因此激烈地反對丈夫接受新職務，甚至暗自希望丈夫不要帶她一起去。後來有一位朋友說服了她，說太陽雖在一個生活領域落下，卻會在另一個生活領域升起，她才決定盡可能地去接受這個改變。

為了交新朋友，她參加了繪畫班。在繪畫班裡，她顯露出她從沒想到自己所具有的才華。不久之後，她們的老師籌備了一次畫展，琳達的作品竟然大受歡迎，從此許多人向她求畫，委託她畫海景，她很快就成為水彩畫家了。「我當時多麼幼稚可笑，」她寫信給她母親說，「這次改變給了我一個機會，讓我發揮出自己可能永不會發現的才能。」

假如我們學會欣然並接受變化，從中求福，對眼前的種種難題和煩惱就能處之泰然，因為我們知道「這一切都會過去」。

記住，一扇門如果關上，必定有另一扇門打開。

伊莉莎白·康妮學到了我們所有人遲早都要學到的事情，就是：環境本身並不能使我們快樂或不快樂，我們對周圍環境的反應才能決定我們的感覺。

那天，伊莉莎白‧康妮接到國防部的電報，說她的姪子——她最愛的一個人，在戰場上失蹤了。

康妮一下子心煩意亂，寢食難安。過了不久，又接到了陣亡通知書。此時，她的心情無比悲傷。

在那件事發生以前，康妮一直覺得命運對自己很好。她說：「偉大的上帝賜給我一份喜歡的工作，又讓我順利地養大了相依為命的姪子。在我看來，我姪兒代表著年輕人美好的一切。我覺得我以前的努力，現在都應該有很好的收穫。」然而，現在卻來了這樣一份電報，她的整個世界都被粉碎了，覺得再也沒有什麼值得自己活下去的意義了，她找不到繼續生存下去的理由。她開始忽視她的工作，忽視她的朋友，她拋開了生活的一切，對這個世界既冷淡又怨恨。「為什麼我最愛的姪子會死？為什麼這麼好的孩子，還沒有開始他的生活就離開了這個世界？為什麼讓他死在戰場上！」她覺得自己沒有辦法接受這個事實。

她悲傷過度，決定放棄工作，離開家鄉，把自己藏在眼淚和憂傷之中。就在她清理桌子準備辭職的時候，突然看到一封她已經遺忘了的信——一封她的姪子生前寄來的信。當時，他的母親剛剛去世。姪子在信上說：「當然我們都會想念她的，尤其是妳。不過我知道妳會平靜度過的，妳總是積極地面對人生，我相信妳一定能夠堅強起來。我永遠不會忘記那些妳教給我的美麗真理。不論我在哪裡生活，不論我們分離得多麼遙

遠，我永遠都會記得妳的教導，妳教我要微笑面對生活，要像一個男子漢，要承受發生的一切事情。」

康妮把那封信讀了一遍又一遍，覺得姪子似乎就在自己的身邊，正在向自己說話。他好像在對她說：「妳為什麼不照妳教給我的方法去做呢？堅持下去，不論發生什麼事情，把妳的悲傷藏在微笑的下面，繼續生活下去。」

姪子的信給了康妮莫大的鼓舞，讓她覺得人生又充滿著期望。康妮又回去工作了，她不再對人冷淡無禮。她一再對自己說：「事情到了這個地步，我沒有能力改變它，不過我能夠像他所希望的那樣繼續活下去。」

康妮把所有的思想和精力都用在工作上，她寫信給前方的士兵 —— 給別人的兒子們，她參加成人教育班 —— 要找出新的興趣，結交新的朋友。她幾乎不敢相信發生在自己身上的種種變化。她說：「我不再為已經過去的那些事悲傷，現在我每天的生活都充滿了快樂 —— 就像我的姪子要我做到的那樣。」

凡事皆有準度

人所共知，水在一個標準大氣壓下，保持液體狀態的條件只有一個，那就是必須讓溫度保持在 0°C～ 100°C 之間。如果溫度低於 0°C，就會凝冰；如果溫度高於 100°C，則成蒸汽。

由此可見，事物的質和量是相輔相成的。它們之間有一種界限，一種限度。在這個限度內，量變不會引起質變。反之，超過了這個限度，事物就會發生質的改變。

不只水，世間萬事萬物也都如此。也就是說，世間萬事萬物都有自己的「準度」。因此，我們在生活中無論做什麼事，都要把持一個準度，做到適可而止，方能超然物外。這話說起來易，做起來卻難。那些貪權、貪財、貪色的人，都明白權力、錢財和美色等的占有不能超過一定的限度，可是他們卻超越了，結果弄得家破人亡。原因何在？就在於他們只是將「準度」二字掛在嘴上，並不去實踐。如此，怎樣不走向反向的發展呢？

這裡，特別應該提示的是：自然事物的「準度」的掌握，與社會的人生之「準度」的掌握相較，後者更難掌握。特別是涉及功名利祿之類的「準度」，人們往往很難做到「旁觀者清」。對有些人而言，權力、錢財、美色是他們永無止境的欲望追求，結果往往自食苦果。而另一些人則對這些東西敬而遠之，用謹慎小心與自我反思的武器來羈束它，結果快樂常伴身

邊。前者沒有辨清孰重孰輕，後者乃大智之人，因而他們得以保持人生完美，令人仰慕。

　　春秋時期的齊國人晏子，就是這樣一位在錢財等方面善於掌握「準度」的人，所以他給後代留下了「大智者」的美名。

　　晏子名晏嬰，足智多謀，是春秋時齊國有名的大臣。那時候，陳蔡兩國日趨沒落，朝不保夕，晉國也是危在旦夕。而齊國靠著晏子的智謀，國力漸漸強盛起來，經濟蓬勃，物資充足。在這種背景下，齊景公想稱霸各諸侯國，但要讓美夢成真並非易事，首先必須要讓強大的楚國俯首稱臣，聽命於自己。但如何才能如願呢？

　　於是齊景公派晏子到楚國去，打探楚國的虛實，摸清楚國的底細，以便抓住機會對其展開攻擊，一舉成功。

　　楚靈王並不重視齊國，自然也就不把他的使臣放在眼裡。他聽說晏子要來楚國，就對大臣們說：「晏子在齊國名氣不小，膽識過人，天資聰明，但是他長得很矮，只有三尺多高，你們何不動動腦筋，想點辦法讓他出醜，滅滅齊國的威風。」

　　於是，有的大臣讓士兵在城門邊挖了一個三尺多高的洞，把城門關了準備讓晏子鑽洞入城。

　　但意想不到的是，當守城侍衛要晏子從這個小門進去的當下，晏子卻冷冷一笑說：「這不是城門，而是狗洞，出使狗國的人，才會鑽狗洞。我是來楚國呢？還是來到狗國？請你們說說吧！」

　　晏子的這番話說得那些士兵面紅耳赤，而那些在城牆上等著看笑話的大臣們，都感覺無地自容，只好命令士兵打開城門，請晏子進去。

　　楚靈王借晏子拜見之機，顯出鄙夷的神色企圖羞辱晏子，彷彿嗤笑齊國沒有能人似的，輕蔑地笑道：「我怎麼也弄不明白，你們齊國為什麼派你這樣的人來當使者呢？」

　　晏子聽了這句挑釁性的話，絲毫沒有感到窘迫，仍是那樣鎮定自如，靜靜地望著楚靈王，說：「我們齊國派遣使者有一個規矩，才華橫溢的人，出使那些仁義的國家，平庸無為的人，派到那些昏庸無道的國家。所以，我就被派到貴國來了。」

　　楚靈王被其貌不揚、卻充滿智慧風采的晏子弄得十分尷尬，但是他依然挖空心思想捉弄這個伶牙利齒的使者，於是又導演了一幕滑稽可笑的醜劇。

　　楚靈王與晏子對飲之際，兩個士兵突然押著一個囚犯進來。

　　楚靈王佯裝不知其故，厲聲喝道：「你們真是大膽，竟敢把犯人送到這裡來，究竟想幹什麼呢？」

　　一個士兵戰戰兢兢道：「我們抓了一個闖進宮廷的罪犯。」

　　楚靈王喝問：「犯人是哪個國家的？」

　　那武士答道：「這犯人是齊國人，偷了我們楚國皇宮的東西，被我們當場捉住了。」

　　楚靈王一陣大笑，早忘了先前的難堪，也忘了晏子的厲害，似乎對於今天的一切難堪都報復了一樣，於是怪腔怪調地

向晏子問道：「請問名不虛傳的使臣，你們齊國人都很善於偷東西嗎？」

晏子的心裡早有應對的計策。他以一種有力而幽默的語氣說道：「大王，你沒有聽說過嗎？橘樹種在淮南，結出來的橘子又大又甜，可是種到淮北，就會結出又小又酸的果子。原因何在？這是因為兩地的水土不同啊！人也是如此，我們齊國人在齊國好好的，個個知書達理，一到你們楚國就變成了盜竊者，這也許是我們兩國水土不同的緣故吧！」

三番五次企圖捉弄晏子的楚靈王，到頭來卻是弄得自己灰頭土臉，不得不對晏子另眼相看。

在楚國時，晏子透過耳聞目睹，對楚靈王的狂妄自大以及政治上的腐敗和軍事上的虛弱一清二楚，為齊國攻打楚國提供了準確的情報。

晏子回到齊國，向齊景公彙報了楚國的狀況以及自己對楚國目前形勢的看法和策略建議。他認為，楚靈王萬般驕橫、目中無人，朝中又沒有頭腦清醒、才能出眾的大臣，這是攻打楚國的絕好時機，必定能穩操勝券。

齊景公認為晏子所言極是，很快發兵征討楚國，幾乎屢戰屢勝，奪取楚國許多城池，最終達到了削弱楚國國力、稱霸諸侯的目標。

這就是「晏子使楚」的故事。

在晏子使楚後，齊國的力量不斷強大起來，齊景公決定獎勵他，要賜予他榮華富貴，他卻一概推諉不要。他曾上書給齊景公說：「我不是不願富有，我是擔憂失去富有。我現在已經有一定的產業，所以不敢再要。富有，應該像絲帛一樣，用布幅來限制它的界限，不能任意讓它膨脹。」

晏子的奏摺，感動了齊景公，而且也讓滿朝文武官員個個佩服，同時增強了自己的威信。

我們不得不欽佩晏子對待財富的自我控制態度。今天，無論從品德角度還是從處事角度來看，晏子的所作所為都是聰明且睿智的。那麼，他的智慧表現在何處呢？就在於他掌握住事物的準度，也清楚如何去掌握事物的準度。後來他因賢明智慧，擔任齊國宰相。他一生的輝煌，如同驕陽發散出著耀眼的光芒。他是春秋時代出類拔萃的政治家、外交家，那種不戀金錢和財產的態度，不僅增添了他的光采，也增加了自己的威懾力。

與晏子形成鮮明對照的是唐玄宗。由於他貪圖美色、荒淫昏聵，終於導致兵連禍結，失去了皇位。

唐玄宗天寶年間，楊貴妃在玄宗的心目中簡直就成了一件稀世珍寶，愛不釋手。他對楊貴妃的情感到達了「三千寵愛於一身」，「六宮粉黛無顏色」，「從此君王不早朝」的程度。楊氏一門，也因顯赫一時。楊貴妃的堂哥楊國忠，原本是

個不學無術的庸人，又是個橫行一方的惡霸，利用表妹的裙帶關係，才出任宰相。楊國忠當了宰相後，無所不為。甚至，楊貴妃還提出要收胡人安祿山做為養子。可笑的是，楊貴妃的年紀比安祿山小二十多歲，安祿山很清楚楊貴妃在唐玄宗心目中的地位，所以竟恬不知恥地拜楊貴妃為乾娘，楊貴妃更讓他裝扮成小孩模樣，經常出入後宮。漸漸地，安祿山只要一見楊貴妃，總親熱地叫聲「乾娘」，宮女、太監聽了都覺得刺耳，可他卻寡廉鮮恥，照叫不誤。一次，他被唐玄宗召到宮中去，見貴妃娘娘在場，便先喊「乾娘」，同時跪拜下去，然後才喊「陛下」，再跪拜下去。頓時，唐玄宗覺得不合情理，生氣地問道：「為什麼不先拜皇上！」安祿山趕忙吞了一口口水，解釋道：「我們胡人的風俗，都是先拜母親後拜父親。」

　　唐玄宗聽後，更覺得安祿山憨厚可愛了，而安祿山則抓住每一次朝拜的機會，使出渾身解數來討唐玄宗和貴妃娘娘的歡心。當然，安祿山處心積慮的討好終於有了結果。天寶九年（西元750年），唐玄宗任命安祿山為營州都督兼范陽節度使，掌握北方兵權，後又封他為東平郡王。這是唐朝開國以來給胡人的最高爵位。安祿山統率15萬叛軍從范陽出發，一路上軍旗飄揚、戰馬長嘶，勢不可擋。從天寶年間以來，唐朝的統治已經腐朽不堪，軍隊缺乏戰鬥力，對戰亂措手不及，所以叛軍幾乎沒遇到抵抗，就輕易占領了黃河以北24郡的大片土地。

　　旋即，安祿山的叛軍渡過黃河，攻克洛陽。隨後又長驅直進，席捲中原，很快攻下長安。唐玄宗如驚弓之鳥，倉皇向西南逃去。逃到馬嵬驛時，隨從士兵嘩變，一致要求處死楊國忠跟楊貴妃。唐玄宗被迫處死楊貴妃，才得以脫險。經過安史之亂，唐朝大勢已去，唐玄宗也失去了皇位。

　　後人評論說，唐玄宗沉迷於楊貴妃的美色。每天，唐玄宗與楊貴妃縱情聲色之歡，不早朝，不理政務。當時的有識之士偷偷譏評楊貴妃是「禍水」，然而唐玄宗不識危機，依然沉溺女色，我行我素，沒有限度，導致安史之亂，唐朝的國運一度中絕，唐玄宗也因此鬱悶而死，但實為縱欲而亡。可見，在人的一生中，不論職位多高、權力多大，一旦失去了「準」，對錢財、美色等的占有超過了一定的限度，就會走向目標的反面，釀成大錯。所以，要戒貪，要講究「準」。讀懂世間萬物皆有「準度」，人生才能快樂永久。

知足者常樂

　　「汝等比丘！若欲脫諸苦惱，當觀知足。知足之法，即是當樂安隱之處。知足之人，雖臥地上，猶為安樂；不知足者，雖處天堂，亦不稱意。不知足者，雖富而貧；知足之人，雖貧而富。不知足者，常為五欲所牽，為知足者之所憐愍，是名知足。」

第三章　好習慣營造好心境

　　這是佛教經典《佛遺教經解》中記載修「八功德」之一的「知足功德」裡所提出的功戒，這也可以成為人們的處世原則。

　　《智慧書：300 則一生受用的處世箴言——》的作者巴爾塔沙·葛拉西安（Baltasar Gracián）從人的需要角度出發，也勸戒人們要功成身退，見好就收，千萬不可過於貪心，想踩著欲望攀升的階梯，這樣會無止境地被欲壑所累。他寫道：「所有高明的賭徒均行此策——退得妙恰如進得巧。一旦獲得足夠的成功，——即使尚有更多的成功，都要見好就收。連袂而來的好運總是可疑的，最好是好運和厄運交錯而來，這樣還可以讓人享受苦中帶甜之樂。當運氣來得太猛烈時，它很可能會翻倒並把東西都撞得七零八落。幸運女神有時候也給我們補償，拿持續性來換取我們的緊張感。如果她必須把某個人長期背在背上，她一定會感到疲倦不堪。」

　　是的，一個人如果利益薰心，將個人欲望無休止地延伸，必然會碰到頭破血流；一個人如果正確地對待需要和欲望，正確地處理人的情感、欲望和現實的矛盾，並進行合理調節，就能夠活得自在瀟灑。

　　「知足為幸福快樂的源泉。」古今中外許多的事例，也證明了這個道理。

　　西元 223 年，劉備進攻東吳兵敗，結果損兵折將，悔恨交加鬱鬱寡歡，導致生病。起初，病勢尚輕，不久便愈來愈重了，於是決定請諸葛亮到永安（東征大本營）。接到劉備的

詔書，諸葛亮命令益州治中從事楊洪在小心輔助太子劉禪的同時，要特別注意漢嘉，不可輕忽。諸多軍機大事安排妥當後，他便和尚書令李嚴一同到永安。

劉備見了諸葛亮，原本想隱藏內心的痛苦，不讓別人看出，但是悔恨交加的淚水仍不斷地沿著他的雙頰湧流。他一面流著眼淚，一面對諸葛亮說：「我沒能聽從丞相的話，執意去東征，在猇亭中了埋伏，兵將損失過半，現在後悔已晚。」說到這裡，他注視諸葛亮：「近來，我時常想起我們當年在隆中初次見面的情形，好像還在眼前。想不到這次兵敗，又患了重疾，我怕壽命不會久長，不能再跟丞相共事了。」說罷，忍不住慟哭流涕。

諸葛亮也難過得落下淚來，他安慰劉備說：「過去的事就讓它過去吧！切莫再去添加煩惱和憂愁。請陛下好好安心休養，恢復聖體健康要緊。」

劉備點點頭。但是不久後，他的病更重了。臨死之前，劉備將兒子劉禪託付給諸葛亮，請諸葛亮輔佐劉禪治理好天下，並且語重心長地說：「你的才能比曹丕高出十倍，必定能夠把國家治理好。要是嗣子可輔佐，你就輔佐他；如果他沒有治國的才能，就請你自己在西蜀稱王。」

諸葛亮聽了，汗流遍體，手足無措，泣拜於地說：「臣怎敢不鞠躬盡瘁？臣願拿死來報答陛下。」說罷，叩頭流血，流了一地。

劉備注視著諸葛亮，又是感激又是難過。他吩咐李嚴代寫遺詔留給太子。遺詔上寫道：

　　「我起初得病，原是下痢，後來又加上了其他病症後就嚴重起來，怕不能治癒。一個人活到 50 歲，已不算短命，我已經 60 多了，還有什麼可恨的呢？我只是放心不下你們幾個弟兄。你們必須勉勵自己，凡是壞事，別以為小就去做；好事，別以為小就不去做！只有德行好，才能讓別人信服。你父親德行不是很好，不能立個榜樣。你跟丞相共事，要像伺候你父親那樣伺候他。你和你兄弟必須努力向上，切記切記！」

　　劉備過世前雖把太子託付給諸葛亮，甚至明示在太子不才的情況下，允許諸葛亮「在西蜀稱王」，但是，劉備再怎麼胸懷寬廣，再怎麼依賴諸葛亮，也不可能有把王位讓給丞相的雅量吧！畢竟，太子劉禪已經 17 歲了，而且還有劉承和劉理兩個兒子，怎麼會把自己辛苦打的天下拱手讓給臣子呢？當他說讓諸葛亮自立為主子時，其實是暗示他以後不要奪權。因此諸葛亮淚落涕零，發誓要一輩子幫助劉禪治理國家，極盡他全部精力去工作、奮鬥，直至死亡。他在〈後出師表〉中寫下的「鞠躬盡瘁，死而後已」兩句話，就是他忠心耿耿的表現。

　　諸葛亮可謂文武全才，也深知「知足，不失為幸福，快樂之本」的真諦，所以，他是以「鞠躬盡瘁，死而後已」輔助劉備。劉備死後，他不僅絲毫沒有憑藉劉備的言語趁機稱帝，

而且還「竭股肱之力」輔助後主劉禪。後來，東吳的曹魏都想趁著劉備歸天的機會向蜀漢進攻，諸葛亮帶兵頑強抵抗，結果累垮了身體，死在五丈原（今陝西眉縣西南）的軍營中，當時只有 54 歲。一直到死，他還在為國家的事務操勞，卻從未有過霸權的私心，為後世所稱頌！他活著的時候，一直受到劉備和後主劉禪的尊敬、信賴和愛戴，他死後，其言行都流傳下來，其智慧和品德成了後人學習的榜樣。相反，如果當時他權欲太大，有野心，那就毀了一世的英明。俗話說：「一山豈可容得二虎？」當你挖空心思玩弄詭計時，也就埋伏下深深的危機。很多聰明人在成功時見好就收，就是避免禍殃的明智之舉，倘若成功後還不知足，那就會遭人忌妒，甚至遭人殺害。所以，知足是諸葛亮的智慧之一。

1782 年，美國獨立戰爭勝利後，一些人都認為美國出現一位新君主的時刻已經到來，而華盛頓是最合適的統帥和統治者，他具備君主所需要的才能和手段，是仿效英國政體 —— 君主制的最理想君主。華盛頓統帥的軍隊也表示支持他做美利堅合眾國的「國王」。對此，華盛頓卻不以為然，他不僅不想當國王，還主動辭去陸軍總司令職務，回到家鄉農莊當農夫，重新「在葡萄樹和無花果樹的綠蔭下享受寧靜的生活」。3 年後，即 1786 年秋，麻薩諸塞州爆發了大規模的農民起義，在美國獨立戰爭的勝利果實即將被吞噬的情形下，華盛頓才不得不再度

出來。1789 年，他當選為美國第一任總統，但連任兩屆後，他於 1796 年 11 月發表了〈告別書〉向人民告別，再一次回到他的寧靜生活。

「知足不失為幸福、快樂之本」，做為一種生存策略，一種為處事態度，是許多名人偉人的座右銘，宋朝的石守信、王審琦等人也深知其中真味，「杯酒釋兵權」讓人感慨萬千。

宋太祖平了天下不久，便宴請手下大將石守信、王審琦等。皇上請喝酒，大家都顯得很高興。三杯酒下肚，宋太祖把衣袖一揮，讓左右侍奉的太監全部退下，然手端起酒杯，對相聚的功臣們說：「今天在座的都是我的好兄弟！各位一定要盡情吃喝。」說完，驀地一仰脖，喝個杯底朝天。但誰也沒有料到，正當大家有一種說不出來的得意時，宋太祖卻突然嘆了口氣，滿腹心事的說：「你們幫我打下天下，取代後周讓我即帝位，真是勞苦功高，快活無比，實在令人羨慕！如今，我做了皇帝，國家的事情實在太多，難處實在太大，還不如當個節度使呢！你們知道嗎？做皇帝這一年多，我是夜夜難寐啊！」石守信等人一聽，感到迷惑不解，忙問：「這是為什麼呢？」

宋太祖說：「這不難知道，皇帝的位置只有一個，誰不想取而代之呀，我能不擔心嗎？」

石守信等人聽罷，都惶恐起來，立即跪在地上向宋太祖叩頭道：「陛下，為何說出這樣的話，如今大局已定，誰還敢對皇上起異心？」

　　宋太祖憂心忡忡地說：「你們雖然沒有這個野心，但你們的部下將士中也許有些貪圖富貴的人啊！或許有一天把黃袍硬披在你們身上，你們不想當也不行啊！」石守信等人聽得戰戰兢兢，渾身冒汗，叩首哭泣道：「我們真是愚蠢，從來沒想到這一點，請皇上憐憫我們，給我們指出一條生路吧！」

　　宋太祖點點頭說：「人生一世，太過匆忙，稍縱即逝。所以，那些想求富貴者，不過是想多聚斂錢財，到地方上去當個節度使，惠及子孫，不受貧困之苦。你們不如放下兵權，到地方上去當個節度使，多置辦些良田美宅，為子孫創立永久的基業。你們自己可以天天歌舞昇平，飲酒作樂，快快活活安度晚年。我們君臣之間，彼此親密無間，互不猜疑，豈不是件令人愉快的事嗎？」石守信等人俯首稱是，異口同聲道：「皇上真是為我們想得太周到了。」

　　第二天一上朝，石守信等一大批武將都上書宋太祖紛紛要求解除兵權。他們沒有被權力所奴役，篡奪王位，掌握當下，在輝煌時不露鋒芒，不發兵鬧事，甘願退向平淡，過自己快樂的生活。這是表示自己急流勇退，免得從高處摔下來，碰得頭破血流。此舉，不也是實踐著短足常樂的至理名言嗎？！

　　人生就像花朵一樣，不可能永遠怒放。當你志得意滿或功成名就時，切不可欲壑難填，沒有止境，不然你不當眾矢之的才怪呢！所以，在自己的事業獲得一定成功的時候，要適可而止，自知滿足。有道是知足者，常樂。保持人生完美，得以

善終之道，奧妙即在此。明智的人知道什麼時候該讓一匹賽馬退役，他們不會坐等它在比賽的中途頹然倒下，成為眾人的笑柄。千言萬語一句話：「只有能夠好好地掌握自我，不求全，不做得隴望蜀的人，才會有幸福和快樂的人生啊！」

從自卑情節中走出來

奧地利心理學家阿爾弗雷德·阿德勒（Alfred Adler）在有名的小冊子《自卑與超越：生命對你意味著什麼》中寫道，人可以從不同程度的天生的「自卑情結」中超越出來，透過對優越地位的追求，最終獲得燦爛的未來。儘管超越的確是消除自卑的最好辦法，但我們不能不對這種超越的可怕後果，持有一定的懷疑。

與其等到自卑感已根深蒂固之後再去砍伐，不如從一開始就去消滅它。

在問到「你如何對待自卑？」時，好幾個女孩子用一句話做了回答：「沒人比你好，你不比別人強。」但它真能慰藉自卑者嗎？只要客觀地去研究，我們就會發現，人的層次之分的確是客觀存在的，無論是社會背景、儀態、品味、才智潛能，還是控制力。真實的情況是：「你比一些人強，又比另一些人差。」只有建立了這種健康的世界觀，我們才能把自卑變為謙遜，把亢奮化為樂觀，才能不可思議地向勝利者禮貌地認輸，然後不

屈不撓地提出再一次挑戰。

　　自卑者總能不停地找出優勝者的優勝之處，然後拿它們同自己的薄弱地方相比。於是，站在球場上看到別人動作靈活，我們便為自己笨得像牛而黯然神傷。比起資優生，我們總是記不住亂七八糟的定理，在不算複雜的邏輯演繹中，我們感到頭暈目眩。可是為什麼不告訴自己「你也有長處」？且不說我們各自都有些優點，就是我們的自卑性格本身不是也可以變成長處嗎？內向的人，聽的比說的多，易於累積。敏感的神經易於觀察，長期的靜思讓我們情感細膩，內斂的鋒芒全部蘊藏為深厚的心智；而溫和的性情，極得人緣。這一切不是很適合我們置身於幕僚顧問或者作家的位置上嗎？如果我們能發現並積極拓展自己身上最有希望的那一部分特性，我們就不比別人差，甚至更強。羅斯福在短暫沒準備的小衝突中，常常張口結舌，尷尬萬分，但他卻能力挽狂瀾。亞歷山大·謝爾蓋耶維奇·普希金（Aleksandr Sergeyevich Pushkin）一生只會在簡單的算式後面，統統寫上「0」，可他的詩集《假如生活欺騙了你》卻家喻戶曉。尚－保羅沙特（Jean- Paul Sartre）也是個數學上的笨蛋，但他卻得了諾貝爾文學獎，並且堂而皇之地加以拒絕。

　　阿德勒說：「我們每個人都有不同程度的自卑感，因為我們都發現自己所處的地位是我們希望加以改進的。」當我們發現別人也有各自的隱痛時，自己被自卑折磨的程度似乎會輕一些，特別是當我們讀名人的傳記時，我們會驚喜地發現，他們

第三章　好習慣營造好心境

在青年時代曾有過和我們類似的自卑感。我們頓感欣慰，覺得自己還有救。我們讀盧梭的《懺悔錄》，讀《約翰·克利斯朵夫》，看佛洛依德和阿德勒本人，看索菲亞·羅蘭，我們都會詫異地發現，自卑創造了文化。龐德說的對：「人類所具有的，首先是一種不滿足的情緒。」如果我們對於龐德的話感到悲傷和精疲力竭，那麼請對自己大聲說；「別人也自卑，他們也不滿足於自己。」只是，他們在消滅不滿、在接近美、在自卑中創造著。

　　一個高中生說，無論在車站等車，還是走進教室，他總覺得有許多人在盯著他、挑剔他。因此，他處處感到不自在，坐臥不穩，站立不安，走路時也不自然。沉浸在這種情緒中的原因是綜合性的，這是自卑青年的共同特徵，它很像阿德勒指出的一種精神錯亂，即「早發性痴呆症」。如果無力改變穿戴陳舊的不合身的服飾，留自己不喜歡的髮型，我們就會懷疑別人在嘲笑自己土氣。如果認為自己不漂亮、駝背、脖子長或腿短，也會感到周圍的人把自己當成了怪物。我們會時常以為別人看破了這些隱私，正在蔑視自己。但實際上，這些幻覺就像早發性痴呆症一樣，不難破除。我們之所以感到這些壓力，是因為理想狀態和高尚情操在懲罰自己。另一方面，也是因為我們比一般人理智得多，但又沒理智到家。如果我們提醒自己：「不必太在意。」我們就會像一般人一樣，恢復常態。如果我們

的理智更進一步，告訴自己說：「沒人注意你！」我們便會更加輕鬆。事實也是如此，人們的目光通常是落在最美或最醜的事情上的，最容易忽略恰好是一般化的人和事。我們沒有穿綾羅綢緞，也沒有麻布加身，既不是美人，也不是醜八怪，因此我們身上沒有過於吸引人的東西。至於我們的內心世界，只有我們自己才會知道。此外，我們可以多交些朋友，與他們時常往來，或者堅持幾種高強度的競技鍛鍊，最終會拔掉那些怕人知道的心病。等到我們恢復了健康的精神狀態，我們甚至會產生另外一種憤憤不平，那就是：「為什麼沒人注視我？！」

那時，我們會為有人注意自己而自豪。

自卑者完全是信心不足，一旦遭到挫折，情緒會更加低落。我們常常羞於放聲開口表達自己的思想。在開會上課時，不敢坐在前排，不敢在大庭廣眾下行動自如。就連敲別人門的時候，也會惴惴不安。別人無心的一句話，會讓我們思考很長時間。但是，如果我們不想與公眾生活脫節，我們就該告訴自己說：「不妨試試看！不要太在意，不要把目標定得太高，把每一件事緩緩地做完，並適當地把旁觀者當成傻瓜。」如此堅持做完一兩件事，我們就會發現，招搖過市實在不是什麼難事。

最關鍵的是，一定要讓自己明白：錯了沒關係。如果我們強求完美，情況會很糟，假如放棄盡善盡美的標準，我們反而會得心應手。

培養自我暗示的習慣

面對自卑的攻擊，人類當然不會束手就擒。相反，人類發揮自己的潛能，挖掘出許多的方法，將自卑擊潰在自己的生活空間裡。自我暗示法就是一個非常有效的方法。

自我暗示法非常簡單，但效果卻是驚人的。它起源於法國的一位藥劑鮑德茵。一天，有位客人到鮑德茵工作的藥局要買一種要醫生處方才能出售的藥物。客人沒有處方，但他非要買到那種藥物。鮑德茵沒有辦法，但又不能違法賣藥。他靈機一動，給了那客人數粒完全沒有藥性的糖衣片，並說明了這是他要的藥物，還將它的效力大大的誇了一番，然後將客人打發走了。

數天後，客人回到藥房，大大稱謝了鮑德茵一番。說是鮑德茵的藥治好了他的頑疾。鮑德茵感到糊塗：從生理學的立場來說，糖衣片是無法治好這人的疾病的，而實際上他又是因為吃了「藥」才痊癒的。到底是什麼治好了這人的病呢？

唯一合理的解釋是，心理的因素治好了他。這心理的因素就是暗示的力量：客人相信這藥的治病能力，再加上鮑德茵的大力推介，糖衣片也成了靈丹妙藥。

這主要是因為，自我暗示激發了潛意識的力量。而潛意識就像一片肥沃的田園，如果我們不去播下美麗花朵的種子，那麼雜草就會在這裡蔓延生長。因此，自我暗示就像是一個控制站，我們可以有意識地運用創造性想像力去播下積極的種子，

這樣就不會因為疏忽或沒察覺地任由消極性甚至是破壞性的種子侵入這田園。

所以，如果我們透過自我暗示向潛意識播下積極的種子，無疑可以讓我們擺脫自卑的陰影，走向輝煌。

培養不斷戰勝自己的習慣

常言道：「世上無難事，只怕有心人，沒有翻不過的山，也沒有越不過的河。」只是因為不相信自己能力的人多了，世界上才有了「困難」這個詞語。

1862 年 9 月，美國總統林肯發表了將於 1863 年 1 月 1 日生效的《解放奴隸宣言》。1865 年美國南北戰爭結束後，一位記者採訪林肯，問：「據我所知，上兩屆總統都曾想過廢除黑奴制度，『宣言』也早在他們那時就起草好了。可是他們都沒有簽署它。他們是不是想把這一偉業留給你去成就英名？」林肯回答：「可能吧！不過，如果他們知道拿起筆需要的僅是一點勇氣，我想他們一定非常懊喪。」林肯說完匆匆走了，記者一直沒弄明白林肯這些話的意義。

直到 1914 年林肯去世 50 年後，記者才在林肯留下的一封信裡找到了答案。這封信裡，林肯講述了自己幼年時的一件事：「我父親以較低的價格買下了西雅圖一處農場，地上有很多石頭。有一天，我母親建議把石頭搬走，但父親說：『如果可以搬

走的話，原來的農場主人就不搬離，也不會把地賣給我們了。』
那些石頭都是一座座小山頭，與大山連著。有一年父親進城買
馬，母親帶我們在農場勞動，母親說：「讓我們把這些礙事的石
頭搬走，好嗎？」於是我們開始挖那一塊塊石頭。不一會兒就
搬走了。因為它們並不是父親想像的那樣，而是一塊塊孤零零
的石塊，只要往下挖一英尺，就可以把它們晃動。

　　林肯在信的末尾說：「有些事人們之所以不去做，只是他們
認為不可能。而許多的不可能，只存在於人的想像之中。」

　　這個故事很有啟發性。它告訴大家，有的人之所以不去做
或做不成某些事，不是因為他沒這個能力，也不是客觀條件限
制，而是他內心的自我想像首先限制了他。是他自己打敗了自
己。只有具備了不斷戰勝自己的好習慣，一切問題和困難就都
是可以戰勝的。

　　一些成功學研究大師分析許多人失敗的原因，不是因為天
時不對，也不是因為能力不濟，而是因為自我心虛，自己成為
自己成功的最大障礙。有的人缺乏自信，總覺得自己這也不
是，那也不行，對自己的身材、容貌不能自我接受，時常在他
人面前感到緊張、尷尬，一味地順從他人，事情不成功總覺得
自己笨，自我責備，自我嫌棄。有的人缺乏自信心，懷疑自己
的能力；有的人缺乏勝任感，缺乏擔當重任的氣魄，甘心當配
角；也有的人反其道而行之，為掩飾自己的缺點或短處，誇張

地表現自己的長處或優點……

這些人真正的敵人是他們自己。所以，我們一定要養成不斷戰勝自己的習慣，只有這樣我們才能成就自己的美好人生。

每個人在一生之中，或多或少總會有懷疑自己，或有自覺不如人的時候。

研究自我形象素有心得的馬克斯威爾‧瑪律茲醫生曾說過，世界上至少有95%的人都有自卑感，為什麼呢？媒體螢幕上英雄美女的形象也許要負相當大的責任，因為媒體對人的影響實在太大了。

有些人的問題就在於太喜歡拿自己和別人比較。其實，你就是你自己，壓根兒不需要拿自己和任何其他人比較。你不比任何人差，也不比任何人好。造物者在造人的時候，每一個人都是獨一無二，與任何其他人都不雷同。你不必拿自己和其他人比較來看待自己是否成功。應該是拿自己的成就和能力來看待自己是否成功。

在每天的生活中，如果你都能夠盡力而為、盡情而活，你就是「第一名」！

許多人喜歡看 NBA 的夏洛特黃蜂隊打球，特別喜歡看 1 號柏格斯（Muggsy Bogues）上場打球。柏格斯身高只有 160 公分，在東方人裡也算矮子，更不用說即使身高 200 公分都嫌矮的 NBA 了。

據說柏格斯不僅是 NBA 裡最矮的球員。也是 NBA 有史以來破紀錄的矮子。但這個矮子可不簡單，他是 NBA 表現最傑出、失誤最少的後衛之一，不僅控球一流，遠投精準，甚至在整個隊員中帶球上籃也毫無所懼。

每次看到柏格斯像一隻小黃蜂一樣，滿場飛奔，心裡總忍不住讚嘆。其實他不只安慰了天下身材矮小而酷愛籃球者的心靈，也鼓舞了平凡人內在的意志。

柏格斯是不是天生的好手呢？當然不是，而是意志與苦練的結果。

柏格斯從小就長得特別矮小，但他非常熱愛籃球，幾乎天天都和同伴在籃球場上玩耍。當時他就夢想有一天可以去打 NBA，因為 NBA 是所有愛好籃球的美國少年最嚮往的夢想。

每次柏格斯告訴他的同伴：「我長大後要去打 NBA。」所有聽到他話的人都忍不住哈哈大笑，甚至有人笑倒在地上。因為他們認定一個 160 公分高的矮子是絕不可能打入 NBA 的。

他們的嘲笑並沒有阻斷柏格斯的志向，他用比一般高個子的人多幾倍的時間練球，終於成為全能的籃球運動員，也成為最佳的控球後衛。他充分利用自己矮小的優勢：行動靈活迅速，像一顆子彈一樣；運球的重心偏低，不會失誤；個子小不引人注意，投籃常常得手。

　　要取得成功、生活幸福，重要的是有積極的自我心態。要勇敢對自己說：「我行！我堅信自己！我是世界上獨一無二的人！」就像釋迦牟尼佛誕生時，一手指天，一手指地，說：「天上地下，唯我獨尊。」

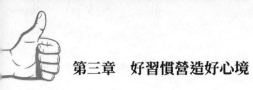

第三章　好習慣營造好心境

第四章
好習慣帶來好心情

養成一種好的習慣，你會發現曾經一度累積起來的壞毛病也會漸漸遠離你，無形中，你的心情也會變得格外的好。其實，許多習慣都是在不經意中養成，等到你發現時，它已悄悄地影響著你的心情。好的習慣能淨化你的心靈，增強你對生活的熱愛與理解，有時候，它會在不經意之間成為你事業成功的領航燈。壞的習慣卻一點點吞噬著你意志的最低防線，最終阻礙你前行的步伐。

不怕吃虧是一種好習慣

在傳統思想中，「吃虧就是福」已成為一種習慣。「吃虧」大多是指物質上的損失，倘若一個人能用外在的吃虧換來心靈的平和與寧靜，那無疑獲得了人生的幸福。

據報載，在卡拉 OK 盛行的時候，有人研發了一個專門用於卡拉 OK 設備上用的評分機，演唱者唱完一首歌後，評分機會自動評出分數，這一設備增加了賣點。三星公司以 8 萬美元的價格買斷該項專利後，其卡拉 OK 設備在整個市場所占的銷售量一下子從百分之十幾提高到百分之三十多。三星的競爭對手日本先鋒公司向三星購買專利使用權，花了 150 萬美元。三星依靠該項專利成為大贏家。

有記者訪問到那位發明者對於早年的吃虧經歷有沒有一絲遺憾？但相反地，發明者對當年的吃虧心懷感激，說：「應該感謝三星公司，如果沒有三星來買這項專利，就沒有我創業之初的 8 萬美元啟動資金，也許後來的事業不會有現在這麼順利。」同時，也認為，這件事也教會他如何將專利變成商品，使他從一個學者型的人變成一個事業型的人。

現實生活中，很多人以低調的姿態做著不同類型的好事，在不同的程度上，他們當然就是我們常說的「聖人」。

吃虧就是福，生活中吃點虧算什麼？吃虧若是能換來非常難得的和平與安全，能換來身心的健康與快樂，吃點虧又算什

麼呢？況且，吃虧後我們可以重新調整我們的生命，並讓它再度發出絢麗的光芒。所以，我們要養成「吃虧就是福」這種想法的好習慣，在生活中不與人斤斤計較，為自己事業成功埋下伏筆。

有位老闆，沒文化也沒背景，但生意卻出奇地好，而且長盛不衰。他的祕訣很簡單，就是與每個合作者分紅時，他只拿小頭，把大頭分給對方。

如此一來，凡與他合作過的人，都願與他再合作，而且會介紹一些朋友給他。他們都成了他的老顧客，人人都說他好，因為他只拿小頭。但許多小頭集中起來，就成了大頭。他才是真正的贏家。

吃虧就是福。因為人都有趨利的本性，你吃點虧，讓別人得利，就能最大限度與別人積極合作，讓你的事業興旺發達。但現實生活中，能夠主動吃虧的人實在太少，這並不僅因為人性的弱點很難拒絕擺在面前本來就該你拿的那一份，也不僅因為大多數人缺乏高瞻遠矚的策略眼光，不能捨棄眼前小利而爭取長遠大利。吃虧也和實力有關，因為吃虧以後，利潤畢竟少了，而開銷依然存在，很可能出現虧空，如果所吃的虧能夠很快獲得報答還值得，若不能，吃虧就等於放血，對體弱多病的人來說，可能致命。

有位哲人曾寫下下面這段令人叫絕的文字，是對「吃虧就是福」的最好的詮釋——

第四章　好習慣帶來好心情

人，其實是一個很有趣的平衡系統。當你的付出超過你的回報時，你一定取得了某種心理優勢；反之，當你的獲得超過了你付出的勞動，甚至不勞而獲時，便會陷入某種心理劣勢。很多人拾金不昧，絕不是因為跟錢有仇，而是因為不願意被一時的貪欲破壞了長久的心情。一言以蔽之，人沒有無緣無故的得到，也沒有無緣無故的失去。有時，你是用物質上的不合算換取精神上的超額快樂。也有時，看似占了金錢便宜，卻同時在不知不覺中透支了精神的快樂。

所以先哲強調：吃虧就是福，就是這樣一個道理。

唐代的兩位智者寒山與拾得（他們二人實際上是一種開啟人的解脫智慧的象徵）的對話從某種意義上來說對我們很有啟發 ——

一日，寒山謂拾得：「今有人侮我、笑我、藐視我、毀我傷我、嫌惡恨我、詭譎欺我，則奈何？」拾得曰：「子但忍受之，依他、讓他、敬他、避他、苦苦耐他、不要理他。且過幾年，你再看他。」

那個高傲不可一世的人結局就可想而知了，而我們也一定可以想像得出拾得勝利的微笑 —— 儘管這可能是一種超脫圓滑者的微笑。不過，它的確會給我們的生活帶來一些好處。

學會克服緊張的心理

　　心理特質是一個人綜合特質的基礎。培養堅強的心理特質對於現代人來說非常重要。隨著社會的進步，科技突飛猛進的發展，人們的生活節奏日趨加快，社會競爭越來越激烈。「優者生存，劣者淘汰」，讓人們面對不斷變遷的事物時常出現不知所措的緊張心理。這是社會文明的必然產物，但又是適應社會和環境不得不克服的心理狀態。怎樣才能克服緊張心理呢？

　　生活節奏過快，大腦神經常被繃得緊緊的，不敢有半點鬆懈，生怕自己鬆懈時，會被別人超越。但無謂的精神過度緊張不但於事無補，反而容易使人在緊張中做出錯誤的決定。

　　因淝水之戰而於歷史上聞名的謝安，有一個很令人嘆服的故事。在淝水之戰決戰時刻，謝安不是坐臥不安，而是若無其事地與人下棋。其間，他的姪子謝玄的捷報傳到，謝安看完信，默然無語，徐步走回棋局。直到有人問戰局如何，他才平靜地答到：「小孩們打了勝仗。」表情和平常一樣。這便是一代名相的風範。

　　與謝安一樣，古今中外的許多名將和領袖，都具有從容不迫、指揮若定的氣度和雅量，這也讓他們得以屢屢化險為夷、大勝而歸。最為令人感嘆的是，在「行動的高溫」裡，成功的領導者仍能保持從容不迫的氣度，這種「高溫」包括猛烈的批評、巨大的爭議、超大的壓力，也包括變革的挑戰。在這種情

況下，能夠做到從容不迫，不只是一種勇氣，也是一項技巧，更是一種氣質，就像約翰‧塞巴斯提安‧巴哈（Johann Sebastian Bach）的音樂一樣，優雅、大氣、澄明，即使是急促的旋律，在他那裡也是一派從容不迫。

麥可‧喬丹的心理潛能，無論場上、場下都極其出色。賽前，他總是極為放鬆。在運動員休息室裡，人們最常見的一個場面就是喬丹頭戴耳機，愜意地躺在長椅上，欣賞音樂。要不就是文風不動坐定，平靜內心的起伏，高度集中精神狀態。在比賽期間，喬丹顯得十分冷靜，因為他知道只有冷靜才能最大限度地觀察情況，發揮水準。最大的爆發來自最深沉的冷靜。正是這祕股放鬆，造就了一位籃球場上的「天王巨星」！

喬丹這樣說道：「別緊張，放鬆些，別讓生活太難。我經常跟好朋友老虎‧伍茲（Tiger Woods）說起這些。學會以高境界的態度看待生活中的喜怒哀樂，這也不失為一種超脫。我認為，年輕的球員們更應學會『為現在而生活』，讓生活自然發展，遇見困難和挫折，別納悶，你就這麼大能耐，不必苛求生活中原本就子虛烏有的那份『完美』。你還是學會體驗過程，如果不知道享受獲得成功的歷程，那將來的成功就不會顯得那般美妙了。感知今天的陽光，明日還會霞光滿天。」

要做到放鬆並不容易，可是做這種努力是值得的，因為這樣可以讓你的生活起革命性的變化。美國著名心理學家威廉‧詹

姆斯（William James）說：「美國人常有過度緊張、坐立不安、著急以及緊張痛苦的表情……這是壞習慣，不折不扣的壞習慣。」緊張是一種習慣，放鬆也是一種習慣，而壞習慣應該袪除，好習慣應該養成。

你怎樣才能放鬆呢？是該先從想法開始，還是該從你的神經開始呢？兩樣都不是。你應該先放鬆你的肌肉。

我們先從你的眼睛開始，把頭向後靠，閉起你的眼睛，然後默不出聲地對你的眼睛說：「放鬆、放鬆，不要緊張，不要皺眉頭，放鬆，放鬆。」如此慢慢地重複、再重複念一分鐘…你是否注意到，經過幾秒鐘之後，眼睛的肌肉就開始服從你的命令了？

你是否覺得，有一隻無形的手把這些緊張的情緒給挪開了。雖然看起來令人難以相信，可是你在這一分鐘裡，卻已經試過了放鬆情緒藝術的全部關鍵和祕訣。你可以用同樣的方法放鬆你的臉部肌肉、你的頭部、你的肩膀、你整個身體。但是你全身最重要的器官，還是你的眼睛。

有位芝加哥大學的博士曾說：「如果你能完全放鬆你的眼部肌肉，你就可以忘記你所有的煩惱了。在消除神經緊張時，眼睛之所以這樣重要，是因為它們消耗了全身散發出來的能量的四分之一。」這也就是為什麼很多眼力很好的人，卻感到「眼部緊張」，因為他們自己讓眼部感到緊張。

第四章　好習慣帶來好心情

拿破侖·希爾（Napoleon Hill）提出放鬆的七項建議：

1. 請看關於這方面的一本好書 —— 大衛·哈羅·芬克博士所寫的《消除神經緊張》。

2. 隨時放鬆你自己，讓你的身體軟得像一隻舊襪子。如果你找不到一隻舊襪子的話，一隻貓也可以。你有沒有抱過在太陽底下睡覺的貓呢？當你抱起它來的時候，它的頭就像打濕了的報紙一樣塌下去。印度的瑜伽術也教你，如果你想要放鬆，應該多去學學貓。要是你能學貓一樣地放鬆自己，大概就能避免這些問題了。

3. 工作時採取舒服的姿勢。要記住，身體的緊張會產生肩膀的疼痛和精神上的疲勞。

4. 每天自我檢討五次，問問你自己：「我有無讓我的工作變得比實際上更重？我有無使用一些和我的工作毫無關係的肌肉？」這些都有助於你養成放鬆的好習慣。就如大衛·哈羅·芬克博士所說的：「那些對心理學最了解的人們，都知道疲倦有三分之二是習慣性的。」

5. 每天晚上再檢討一次，問問你自己：「我有多疲倦？如果我感覺疲倦，這不是我過分勞心的緣故，而是因為我做事的方法不對。」

6. 當你神經緊張時，你可以默念，也可以平靜的聲音說道：「我要放鬆，我要放鬆。放鬆，放鬆，再放鬆！」

7. 把心事說出來，如何做到這一點，必須遵照以下幾點：

- 準備一本「供給靈感」的剪貼簿，你可以貼上自己喜歡的可以鼓舞你的詩，或是名人的格言。往後，如果你感到精神沮喪時，也許在本子裡就可以找到治療的藥方。在波士頓醫院的很多病人，都把這種剪貼簿保存好多年，他們說這等於是替自己在精神上「打了一針」。

- 不要為別人的缺點太操心。也許在看過他所有的優點之後，你會發現他正是你希望遇到的那種人。

- 要對你的鄰居有興趣。對那些和你在同一條街上共同生活的人，要有一種很友善也很健康的興趣。有一個很孤獨的女人，覺得自己非常「孤立」，她一個朋友也沒有。有人要她試著把她下一個碰到的人做為主角，編一個故事。於是她開始在公共汽車上，為她所看到的人編造故事。她假設那個人的背景和生活情形，試著去想像他的生活如何。後來，她碰到別人就談天。今天她變得非常快樂，變成了一個很討人喜歡的人，也消除了她的「痛苦」。

- 神經緊張，疲勞時，向你的朋友、親人寫信，傾訴你的煩惱，或寫給自己也可以達到放鬆的目的。

懂得適時放鬆自己

　　很多人想要解決緊張的問題，他們學習的方式就是「當他們緊張的時候，他們就試著叫自己要放鬆」。這種練習的方式有一個主要的特徵，就是當外在的刺激讓當事人緊張的時候，當事人就試著去抵抗這樣的刺激，讓自己放鬆下來。這種練習的方式基本上是一種防禦。很多人都發現這種練習很難成功，因為當刺激出現的時候，當事人往往很緊張，根本沒有辦法放鬆。因此，這種防禦型的對抗效果會比較差。

　　最好的克服緊張的方式是主動出擊。換言之，不要等到焦慮來找你，你自己主動去找焦慮。如何去找焦慮呢？例如說：你看恐怖片的時候會緊張，那麼你就可以練習在看恐怖片的時候把緊繃的肌肉放鬆下來。你也可以在自己心情平靜愉快的時候，故意去想一些你會感到緊張焦慮的事情，讓自己緊張起來之後再試著放鬆。如果你很害怕一個封閉的空間，你就可以自己找一個封閉的空間，試著待在裡面。

　　你會發現一個現象，當你主動要去找焦慮挑釁的時候，焦慮反而退縮了。對於焦慮或者恐懼，逃避它們往往只會讓你變得越來越膽怯，害怕的事物也會越來越多。但是一旦你選擇要反擊它們，它們就開始在敗退了。

　　主動進攻的方式，最簡單的莫過於深呼吸。

　　美國著名心理學家威廉·詹姆斯教授曾說：「行動似乎緊隨

於感覺之後，但事實上卻是行動與感覺並行；行動在意志的直接控制之下，藉著約束行動，我們可以間接約束感覺，而它是不受意志的直接控制的。因此，假若我們失去了原有的自然的歡樂，那麼，通往歡樂最佳的方法，即是快快樂樂地站起來、說話，表現得好像歡樂就在那裡。如果這樣的舉動不能讓你覺得快樂，那就別無良方了。所以，感覺勇敢起來，表現得好像真的很勇敢，運用一切意志來達成那個目標，勇氣就可能會取代恐懼感。」

詹姆斯的勸告對我們非常有用。為了培養勇氣，當面對觀眾時，不妨就表現得好像真有勇氣一般。當然，除非有所準備，否則再怎麼表演也是無用的。不過，如果已經確定並熟悉了自己所要講的內容，那就大踏步而出，並深深地呼吸吧！事實上，在緊張之時，應深呼吸三十秒，這樣所增加的氧氣供應可以提神，並能給你勇氣。

深呼吸確實具有這樣的功效。每隔幾小時深呼吸幾次，同時放鬆肩膀、雙臂，伸展一下。

你不妨現在就對著鏡子進行這樣的練習。每天睡前或者清晨練習 20 次，讓自己的呼吸逐漸悠長起來。

深呼吸時，身體會自然放鬆。

透過肺部深呼吸，可以增加呼吸量，讓血液中的氧氣含量更充足，讓肺部的二氧化碳吐出的更徹底，還可以擴大胸廓，減少心臟和肺受到壓力。因此，在面臨緊張情況時做深呼吸，

可令人全身放鬆，恢復鎮定和平靜，並且增加勇氣與自信。練習深呼吸時，可以閉上眼睛，以放鬆的姿勢坐著或站著。抬頭挺胸，雙肩放平。吸氣時要深深地吸，肺部盡量擴張；吐氣時慢慢地吐，讓吐氣時間拖得稍長一點，一直到把肺部的殘留氣體差不多吐盡為最佳。盡量用鼻子呼吸。深呼吸放鬆法簡單易行，不需要占用較長時間，是一種方便、有效的應急措施。如在考試之前、出場表演或講演之前以及參加體育競賽之前，都可以用深呼吸法來調整身心狀態，減輕緊張情緒。

如果你是一個容易緊張的人，你可以隨時隨地的刻意找一些焦慮的情境來練習，例如：要求自己要跟店員講一、兩句話、故意在上課的時候提一個問題、看一些恐怖片等等。你會注意到，當你面對這些情境的時候，你全身的肌肉會緊繃起來，臉部、肩膀、胃部都可能有緊張的感覺。這時候，你就把這些部位的肌肉放鬆下來，讓自己不斷的做深呼吸。當你比較放鬆的時候，你就再繼續的挑戰這些焦慮的事物。當肌肉再次緊張起來的時候，你就再次的放鬆它。長久下來，你會變得很容易注意到自己的肌肉在緊張，也能很快的放鬆肌肉。這時候，你就是漸漸的在建立放鬆的習慣了。

在深呼吸的同時，配合數數，將有助於更快地放鬆自己。

當你處於緊張的狀態之中不能自已時，慢慢地從 1 數到 10 能夠有效地幫你解除緊張的情緒，讓你冷靜下來。因為，當你

慢慢地數數時，就會下意識地深呼吸，這對你精神放鬆情緒大有好處。約翰斯霍普金斯大學（Johns Hopkins University）的學者們認為，以勃然大怒應對緊張情緒的人心臟病的發病率會增加三倍，而 55 歲之前患心臟病的可能性則會增加 5 倍之多。

培養這樣一種習慣──每當自己開始緊張時，就馬上想到應該從 1 數到 10。

不過，放鬆的習慣絕對不會是一天、兩天就養成的，你一定需要長期的努力才能成功。

養成適時為自己減壓的習慣

對於一個人來說，生存的壓力是我們根本無法逃避的。人一出生，上帝便饋贈了人兩份禮物──一份是生活，一份是壓力。隨著人的成長，工作、學習、競爭、婚姻、處世等等各個方面的壓力便如影相隨。為了生存，我們不得不承受各式各樣的壓力。所以，在現實生活中，我們一定要養成適時為自己減壓的好習慣，只有這樣我們才能在生活和事業中輕鬆上陣。

曾在媒體上看到過這樣一個故事：一位高中生厭學到了難以忍受的地步後，認為當工人最快樂，而且他把目標鎖定在當碼頭裝卸貨上。面對兒子的選擇，聰明的父親並沒有暴跳如雷。他同學校商榷，替兒子辦了休學手續，又透過關係將他送到了

一個碼頭工作。和這位年輕人所想像的一樣，剛開始幾天，令人心煩的讀書壓力消失了，為此，他快樂了一陣。然而，新工作的壓力很快就不期而至，而且更讓人不堪承受。兩個月後的一天，在拖著疲憊的身軀回到家裡時，年輕人要求重新回到學校。他的老爸會心一笑，什麼也沒說，又給他辦了復學手續。一段人生的波折，終於讓年輕人恍然大悟：人間處處有壓力。

有人說，上班族的生活壓力很大，每個人體內都隱藏著一個計時炸彈，一觸即「爆」。當壓力無法紓解時，不能承受的人可能會在瞬間做出傷害自己或傷害他人的行為，更嚴重的會成為精神病患者。事實上，只要留意以往發生的悲劇，就不難發現當中有不少源頭都是來自壓力。

壓力常常讓人不知所措，它阻礙著我們前進的步伐，讓我們不能輕鬆地生活，甚至讓我們身心俱損。

過度的壓力往往會影響生理及心理的健康，降低人體免疫系統的抵抗力，容易生病。然而，壓力為什麼會令人生病呢？因為當壓力產生時，會刺激人體大腦，經下視丘，然後再透過自律神經和內分泌系統，產生一些不良反應，讓身體呈現不安的狀態，甚至造成心臟血管或腸胃等器官出現不適的症狀。

大多數人均認為壓力是負面的、具傷害性的，但事實上，壓力是屬於中性的，並無所謂好與壞之分。若把壓力當作是積極的、正面的，就可作為生命中的「激素」，促進個人成

長。但若把壓力當作是消極的、負面的，則會成為個人的「死敵」，令人喘不過氣來。

區別正在於此，有的人慣於抱怨壓力，而在壓力之下不堪重負，有人卻習慣於及時給自己減壓。要想養成適時為自己減壓的好習慣，可以參照以下兩種在都市上班族中比較時尚的減壓方式——

- **SPA 館：給你自信**

  SPA 館的理念很簡單，就是「給你自信去面對工作和生活」。SPA 館針對上班族減壓的方式雖然只是透過泡澡、全身美白去角質、身體油壓等簡單的幾個步驟，但效果很明顯。當你做完這些簡單的步驟後，就會感到全身心放鬆，很容易達到一個平衡的狀態，做事就會很有效率。

- **酒吧：尋找一份心靈的淨土**

  酒吧是很多人都喜歡去的地方，除了酒吧風格各異外，每天去那裡喝茶聊天的人也很多，尤其是週末的時候。工作壓力很大，性格內向的人，在這裡可以暫時忘掉工作，當自己是一個上學蹺課跑出來玩的學生，感覺一下子就回到了上學的時候，心情馬上就輕鬆多了。

由上面減壓場所可見，某些休閒的好習慣有助於我們很好地排解壓力。事實上，只要你掌握方法，減壓是可以輕鬆做到的：

1. **以暴減壓**：「隨身帶個小皮球，鬱悶時偷偷捏一捏。」美國一個專為男性上班族排憂解難的美國男性時尚網站（Askmen.com）這樣建議。隨身攜帶一個網球、小橡皮球或是什麼別的，遇到壓力過大需要宣洩的時候，就偷偷地擠一擠、捏一捏，這顯然要比掐同事的脖子、在大家目瞪口呆之下歇斯底里地撕廢紙、捶桌子要好得多。

    法國也出現了一種新興的行業：運動消氣中心。中心有專業教練指導，教人如何大喊大叫、扭毛巾、打枕頭、捶沙發等，做一種運動量頗大的「減壓消氣操」。在這些運動中心，上下左右皆布滿了海綿，任人摸爬滾打，縱橫馳騁。

    英國有專家建議，人們會感到工作有壓力，是因為他們對工作的責任感。此時他們需要的是鼓勵，是打起精神。所以與其透過放鬆技巧來克服壓力，倒不如激勵自己去面對充滿壓力的情況，例如去看一場恐怖電影。

2. **食物減壓**：一項最新醫學研究發現，某些食物可以非常有效地減少壓力。比如含有 DHA 的魚油，鮭魚、白鮪魚、黑鮪魚、鯖魚是主要來源。此外，硒元素也能有效減壓，金槍魚、巴西堅果和大蒜都富含硒。維生素 B 家族中的 B2、B5 和 B6 也是減壓好幫手，多吃穀物就能補充。工作的空檔，可以來一杯冰咖啡，可以很好的舒緩心情。在飲食上下點工夫，可謂舉手之勞。

3. **寫作減壓**：「把煩惱寫出來。」美國心理協會倍加推崇寫作
   減壓這種方式，寫作的內容是什麼呢？你的壓力體驗，你
   生理、心理上的一切煩惱。

   早在 1988 年，美國就有一些心理學家做過測試，一組人員
   專寫壓力和煩惱；另一組人員則只寫日常淺顯的話題。每 4
   天一個週期，持續 6 週後，結果前一組人員心態更加積極、
   病症較少。

   1994 年的另一項測試則是將失業 8 個月的上班族分成 3 組，
   一組只寫對失業的想法以及失業對個人生活帶來的負面影
   響；第二組寫今後的計畫以及如何找新工作；最後一組什麼
   也不寫。結果在連續 5 天每天 30 分鐘的寫作試驗之後，在
   接下來的 1 個月內，研究者發現那些寫自己如何不幸的失業
   者更容易找到新工作。

4. **工作減壓**：許多身居高位的主管，往往事必躬親、凡事都要
   親自把關。但一個人的精力是非常有限的，企業的每個面向
   不可能都能兼顧，於是美國男性時尚網站的專家指出，信任
   下屬和同事、適當放權才是避免「積慮成疾」的正道。

   沒下屬可分擔工作的人，工作安排一定要得當，可以列一個
   清單，每天更新，哪些是要接的、哪些是正在做的工作、哪
   些是必須馬上送到客戶手裡的，一目了然。

5. **睡眠減壓**：有了旺盛的精力，才能抵抗住壓力的侵襲，睡眠
   便是一個重要保證。美國心理學會的專家給出以下別出心裁
   的小提醒。

   · 如果外界雜訊讓你難以入眠，那就人為製造一些「白色
     雜訊」，比如讓電視機一直小聲地開著，蓋過討厭的雜
     訊。
   · 睡覺前少量吃些小點心，只一點點是不會發胖的，這樣
     夜裡就不致於因飢餓而驚醒。
   · 金槍魚、火雞瘦肉、香蕉、熱牛奶、藥草花茶等食物都
     可以催眠。脂肪高、辛辣的食物在消化過程中都會讓你
     無法入睡。
   · 如果上床後腦子裡還在想事情，那就在床頭放一個錄音
     機、記事本什麼的，這樣一來，想到什麼就能馬上記錄
     下來，不用擔心第二天醒來會忘記。

   不要羨慕那些吹噓自己壓力有多大、缺乏睡眠、時間不夠用
   的同事。提醒自己說不定哪一天你會參加他們的葬禮，或者
   至少去醫院探望他們。

要充分地肯定自己

在做任何事情以前，如果能夠充分肯定自我，就等於已經成功了一半。當你面對挑戰時，不妨告訴自己：你就是最優秀的和最聰明的，那麼結果肯定是另一種情形。

有個女子，自小就患有腦性麻痺。此病狀十分驚人，因肢體失去平衡感，手足便是常亂動，瞇著眼，仰著頭，張著嘴巴，口裡念著模糊不清的詞語，模樣十分怪異。這樣的人其實已失去了語言表達能力，與啞巴接近。

但這位女子靠著她堅強的意志和毅力，考上了美國著名的加州大學，並獲得了藝術博士學位。她靠手中的畫筆，用自己的畫筆畫出了生命的色彩。

在一次演講中，在一次講演中，學生問她是怎麼看自己的。她用粉筆在黑板上寫道：「一、我好可愛；二、我的腿很長很美；三、爸爸媽媽那麼愛我；四、我會畫畫，我會寫稿；五、我有一隻可愛的貓；六……」最後，她再以一句話作結：「我只看我所有的，不看我所沒有的！」

她以自己的實踐，說明人生道路的真諦：人不可自卑，要接受和肯定自己。

人或因先天或因後天而造成外表缺陷，這都是自己無法選擇的，但內心狀態、精神意志卻完全是靠自身力量做抉擇。還是「天生我材必有用」那句話，在當今紛繁的世界上尤應接受

和肯定自己，任何悲觀情緒都不利於走好你的人生之路。

接受自己就是不否認自我，不逃避現實；肯定自己就是盡力發揮自己的優勢，多看多想自己好的一面，就能增強信心、充滿活力。

1960 年，羅勃·羅森塔爾（Bob Rosenthal）博士曾在哈佛大學做過一個著名的實驗。

新學年開始時，羅森塔爾博士讓校長把三位教師叫進辦公室，對他們說：「根據你們過去的教學表現，你們是本校最優秀的老師。因此，我們特意挑選了 100 名全校最聰明的學生組成三個班讓你們教。這些學生的智商比其他孩子都高，希望你們能讓他們取得更好的成績。」

三位老師都高興地表示一定盡力。校長又叮囑他們，對待這些孩子，要像平常一樣，不要讓孩子或孩子的家長知道他們是被特意挑選出來的，老師們都答應了。

一年之後，這三個班的學生成績果然排在整個學區的前列。這時，校長告訴了老師們真相：這些學生並不是刻意選出的最優秀的學生，只不過是隨機抽調的最普通的學生。老師們沒想到會是這樣，都認為自己的教學水準確實高。這時校長又告訴了他們另一個真相，那就是，他們也不是被特意挑選出的全校最優秀的教師，也不過是隨機抽調的普通老師罷了。

這個結果正是博士所料到的：這三位教師都認為自己是最

優秀的，並且學生又都是高智商的，因此對教學工作充滿了信心，工作自然非常賣力，結果肯定非常好了。

迄今為止，也許你一直在進行著自我完善，而自我肯定的習慣會給你更重要的幫助。自我肯定意味著你必須成為自身成功的最終仲裁者。其他人可能也會承認你，給你以榮譽和獎賞，但在最終的評價中，是要你自己對所做的事情做出結論。我們認為，這是自尊的一個基本元素，因為不少西方人彷彿都把虛假的謙虛視為美德。這是對誠實的呼籲，也是扭轉所謂謙虛就是不必承認自己的優點和成就的錯誤信念的一種努力。

因此，自我肯定的習慣在人格完善中不可或缺。這個習慣的養成，需要你進行不間斷的心理練習。

這個心理練習同時也是智力性和認知性的。回顧一下真正屬於你的成就。即使其他人也可能了解這些成就，但在許多情況下，他們的認識並不包括你工作的細節。他們可能讚揚你，因為你開始了一個新項目。只有你自己心裡最清楚，你為此付出了多少努力，擔憂了多少時間，為此進行了多少次計畫，度過了多少個不眠之夜以及自己情緒上所受的影響。

所以，在這個心理練習中，你可以選擇得到他人認同的某一個成功事例，但也應該用一些時間按照上一段所提到的細節回憶自己為此付出的真正代價。然後，你將為自己所做的一切讚揚自己（一定要這樣做！）；你將會讓自己感到滿意。這與

廉價的自憐完全不同，自憐是許多人在遭受失敗時常有的心理過程。要努力回憶自己為成功究竟付出了多少——花費了多少精力，用去了多少思考、計畫、實施和覆核的時間，去造就此成果。

換言之，要讓自己的回憶緩緩推進，但是要保持它是正面的和自我鼓勵的，回顧所有讓自己走向成功而且也只有自己（或許還有生活中的最親近的人）才真正知道的因素。正如一座大廈是由無數磚頭蓋成一樣，你的成就也是多種原因促成的。也正如已蓋成的大廈易讓人忘記了其建築材料一樣，你可以忘記你取得的成功中包含了多少具體工作。那麼，現在是肯定自己成就的時候，認同所有個人因素並感激它們讓「精美的建築」得以完成。

因此，這個心理練習包含了以下步驟：

1. 選擇一件被他人認同的成功事例；
2. 將思想集中在這件事上，回憶自己為完成這項工作經歷的每一個細節。此刻你應讓思緒緩慢流動，努力回想前幾段所提到的每一個細節；
3. 讚揚自己，告訴自己，你是一個英雄，完成了了不起的工作，正確地運用了自己的心智等等，任何真正使你感到驕傲和自豪的話。

做個冷靜而不浮躁的人

在我們心靈深處，總有一種力量使我們茫然不安，讓我們無法平靜，這種力量叫浮躁。浮躁就是心浮氣躁，是成功、幸福和快樂最大的敵人。從某種意義上講，浮躁不僅是人生最大的敵人，而且還是各種心理疾病的根源，它的表現形式呈多樣性，已滲透到我們的日常生活和工作中。可以這樣說，我們的一生是同浮躁鬥爭的一生。

在某市曾發生這樣一件事：有一婦女帶著孩子到路邊攤點買了兩根冰棒，每根 22 元，她給了 30 元錢，老闆找回 8 元。可是這位婦女卻記成給了 50 元，那麼就應找回 28 元。老闆當然不能答應，並且翻遍錢盒也找不出一枚 50 元的硬幣，但那位婦女依然不依不饒。雙方為此爭執了半天也無結果，無奈打電話給「110」。警察趕到現場時，事情卻發生了戲劇性的變化：老闆向警察陳述詳情，而那名婦女則不停表示是自己記錯了金額。一場鬧劇就此收場。警察一臉苦笑地表示，這雖是一件小事又是誤會，但總不能不來吧！

這樣的事件頻頻發生，讓 110 警政系統疲於奔命而又無可奈何。

試想，那名婦女當時若能冷靜地想一下，或許就可記起自己所給的真實金額，接下來也就不至於雙方爭吵得不可開交，

引得路人圍觀，冰棒化了也沒來得及吃。甚至還讓每天忙碌的警察多辛苦了一趟。

　　人需要冷靜。冷靜讓人清醒，讓人聰慧，讓人沉著，讓人理智穩健，讓人寬厚豁達，讓人有條不紊，讓人少犯錯誤，讓人心有靈犀，更讓人高瞻遠矚。

　　在美軍歷史上，杜威·艾森豪（Dwight David Eisenhower）是一位充滿戲劇性的傳奇人物。

　　美軍歷史上，艾森豪是晉升「第一快」的上將。約翰·約瑟夫·潘興（John Joseph Pershing）從准將到五星上將用了13年；喬治·卡特萊特·馬歇爾（George Catlett Marshall, Jr.）從上校到五星上將用了20年；道格拉斯·麥克阿瑟（Douglas MacArthur）從上校到五星上將用了16年；奧馬爾·納爾遜·布萊德雷（Omar Nelson Bradley）從上校到五星上將用了9年；亨利·哈利·阿諾德（Henry Harley Arnold）從准將到五星上將用了12年；歐內斯特·約瑟夫·金（Ernest Joseph King）從上校到海軍五星上將用了19年；切斯特·威廉·尼米茲（Chester William Nimitz）從海軍上校到海軍五星上將用了18年；小威廉·弗雷德里克·哈爾西（William Frederick Halsey）從海軍上校到五星上將用了16年，威廉·丹尼爾·萊希（Willian Daniel Leahy）從海軍上校到海軍五星上將用了27年的時間。而艾森豪他從上校到五星上將僅用了4年的時間！

這是他的「第一快」。

太平洋戰爭爆發後，艾森豪被調到陸軍部工作。由於艾森豪曾經在麥克阿瑟辦公室工作了6年，對菲律賓防務非常了解，艾森豪和麥克阿瑟本人的私交關係又非常好，但是他們是上下級關係。所以說，太平洋戰爭爆發之後，馬歇爾就把他調到陸軍部作戰指導計畫處負責遠東事務。

1941年12月7日，太平洋戰爭爆發；12月10日，艾森豪向馬歇爾報到。報到這一天，馬歇爾跟他談話了20分鐘，「為什麼把你調來？」然後問他一句話：「我們在遠東太平洋行動方針是什麼？」就問他這句話。如果艾森豪當時就回答：「是什麼？」那麼就很可能不會有後來我們見到的艾森豪了。因為馬歇爾最討厭對重大問題脫口而出的行為，馬歇爾認為，這種不加考慮就給予答案的做法，投機的成分很大。

然而，艾森豪卻想了片刻，冷靜地說：「將軍，讓我考慮幾個小時再回答你這個問題，可以嗎？」

馬歇爾說：「好！」但是，在他的筆記本裡面，艾森豪的名字下面又多了幾個字：此人完全勝任准將軍頭銜！

冷靜，正是馬歇爾選將的重要標準。

面對金錢、美色、物欲的誘惑時，人需要冷靜；得意、順利、富足、榮耀時，人需要冷靜；面對錯綜複雜的事物，人需要冷靜；被人誤解、嫉妒、猜疑時，同樣需要冷靜……

在大事大非面前，我們應該擁有馬歇爾一樣的頭腦，也應該抱定這種原則。對於一個政治家如此，對於個人與個人之間也是如此。

如果一個企業浮躁，這個浮躁的企業終會沒落；如果一個人浮躁，這個浮躁的人終會失去自我。做學問也好，辦企業也罷，以及自謀生路，都來不得半點浮躁。我們對待事物的正確態度應該是：平和冷靜，腳踏實地，不以物喜，不以己悲。浮躁讓我們缺乏幸福感，缺乏快樂，太過於計較個人得失。其實，浮躁就是失衡的心態在作祟，一旦喪失了心理調節功能，價值取向和行為規範便會發生傾斜，甚至最後發展到人格的嚴重扭曲。

所以，一個大氣從容、成熟穩重的人，總是把冷靜這種習慣帶入到自己的處事風格中。

一個浮躁的、善變、功利的社會中，需要一位冷靜者、堅持者、挑戰者。

不管是現實還是夢想，首先要冷靜的生活，腳踏實地的生活，不要流於世俗，也不要天花亂墜。

培養自己腳踏實地的做事習慣吧！讓自己擁有冷靜的好習慣，用冷靜的習慣消除你的浮躁心，等自己真正平靜下來後再投入社交活動，投入工作、愛情。

要有認識自己缺點的習慣

一隻沿口不齊的木桶，其存水量的多少，不取決於桶壁中最長的那塊木板，而取決於最短的那塊。這就是管理學中的「木桶理論」。我們的缺點，就是木桶壁中那塊最短的木板。

《伊索寓言》裡說：當初普羅米修士造人，讓每個人身上掛兩個口袋，一個裝別人的缺點，掛在胸前；另一個裝自己的缺點，掛在背後。結果，人人只消一低頭就看見了別人的缺點，而對自己的缺點卻很難看見。「不識廬山真面目，只緣身在此山中」，也反映出同樣的道理。

曾經有人說過，人本身就是帶著缺點降臨到這個世界上的，人生的過程就是在不斷改掉缺點、完善自己的過程，因此，勇於挖掘和暴露自己缺點的習慣是非常有必要和再正確不過的選擇。

有一個人在一次面試中就遭遇了這個深刻的問題 ——

面試開始了，他排在 30 名面試人員中的第 29 位，而名額只有一個。

他默默地等著，一個個面試者滿面春風地從總經理的房間裡出來，他很是羨慕。終於輪到他了。

「你好。」總經理滿臉笑容地和他握了握手，他忙道了聲「謝謝。」

第四章　好習慣帶來好心情

問話開始了。「你知道你應聘的是什麼職位嗎？」他微笑著點了點頭：「行銷部經理。」

「你對『一瓶白開水當一瓶高級飲料賣』這句話有何見解？」

「我認為這種行銷理念是錯誤的，因為產品的價格體系是建立在產品成本與產品品質的基礎之上，產品品質是產品價格的重要因素，當產品的成本品質與價格不相等時，那麼就構成了對消費者的欺詐行為。這種行銷理念將會斷送產品的潛在市場，同時失去產品的生命力。」

一切話題像書本上提到的那樣，他輕鬆地回答著。

「你的缺點是什麼？」突然，總經理問了他一個書本上沒有提到的話題。

「他的缺點是什麼？」他從來沒有想過，這個問題也從來沒人問過他，即使是戀愛的時候也沒有。他該說什麼呢？咳，反正是沒有希望了，想到什麼就說什麼吧！

「我很清高，不會拍馬屁，常目無領導，愛發牢騷，做人過於死板，常與世格格不入……不過，這一切是別人告訴我的。到如今，除了不愛做家務外，我不太明白我還有什麼大的缺點。我也說不清楚，真的。」

總經理微笑著點了點頭：「其實，一個人找自己的缺點很難，而找優點則很容易，有時候別人認為是缺點的而往往是你

的優點，有時候自己認為是優點的，在別人眼裡卻成了缺點，仁者見仁，智者見智。張先生，你很實在，也很坦誠，我們公司正需要你這樣的人才，歡迎你加入本公司。」

沒想到，他竟成了 30 名面試者中唯一的幸運兒。

要發現自己的缺點，就必須進行深刻的自我剖析。剖析，不單單是找出優點、肯定成績，更關鍵的是要把自我剖析的手術刀滑向心靈的深處，對心靈進行懺悔式的追問：「我的缺點到底在哪裡？」「明天我將如何努力？」

我們不僅要有認識自我缺點的習慣，還要養成善於「補短」的習慣。

縱觀古今中外歷史，有哪個人是因為「補短」後成為完美之人而名垂千古的？秦始皇、漢高祖、漢武帝、元太祖……有哪位是因為完美無缺而載入史冊的？而且優點越突出的人，往往其缺點也越明顯。金無足赤，人無完人。美國著名的民調公司蓋洛普透過對美國 2,000 名社會知名人士、成功者的長期研究發現，儘管其路徑各異，但成功者有一個共同點，就是他們都懂得「揚長避短」，即充分發揮其優勢避免短處，而不是補短造就了他們的成功。「補短」意味著要做很多不喜歡自己的事情，而沒有興趣就很難積極投入，這樣也就很難有創新。如果真的想有所創新，就必須重新審視我們的一些傳統觀念。「補短」往往意味著平衡發展（這也是我們從小就受到的教育），

第四章　好習慣帶來好心情

往往意味著小而全、大而全，最後很少有人在某方面特別突出。

美國南北戰爭時期，林肯總統任命尤利西斯·S·格蘭特（Ulysses S. Grant）將軍為總司令。當時有人告訴他，格蘭特嗜酒。林肯卻說：「要是我知道他喜歡喝什麼廠牌的酒，我就給其他的將軍們也送一、二桶去。」林肯孩提時代是在肯塔基州和伊利諾州邊境度過的，他清楚知道喝酒及酗酒滋事的危險性。但是，在北軍中只有格蘭特被證明能運籌帷幄指揮戰爭贏得勝利。格蘭特的任命，正是南北戰爭的轉捩點。這是一個有效的任命，因為林肯在選擇他的將領時，是看他是否具有久經考驗打勝仗的才能，而不是因為他是個毫無缺點的完人。然而，林肯是付出了沉重的代價才明白這一道理。在他挑選格蘭特之前，他先後任命過三、四位將領，條件都是沒有重大缺點。結果是儘管北軍在人力和物力上都占絕對優勢，但從1861年至1864年三年裡北部同盟軍幾乎毫無進展。南部聯邦軍在用人上與北方形成明顯的對照。以李將軍為指揮的南軍，人員選用是從長處著眼。李將軍的將領中，從斯通沃爾·傑克遜（Stonewall Jackson）起，幾乎所有的人都有不少明顯的缺點。但李認為，這些缺點關係不大，而他們每個人都有某一方面的真正長處。李正是運用了這個長處，並使之得到發揮。結果，林肯任命的「各方面都不錯」的人，一再被李手下只有「一技之長」的人所擊敗。李的人員並不全面，但長處非常突出。所以林肯最後才力排眾議任命格蘭特將軍為總司令，後來

林肯說：「我的生活經驗讓我深信，沒有缺點的人往往優點也很少」。人才使用，應該用其長處。從長處看人，世無無用之才；從短處看人，人人難逃平庸。

用人不是為了克服人的弱點，而是為了發揮人的長處。古人云：「人之才行，自古罕全，苟有所長，必有所短。若錄長補短，則天下無不用之人；責短舍長，則天下無不棄之士。」彼得‧杜拉克（Peter F. Drucker）說，誰想在一個組織中任用沒有缺點的人，這個組織大概是一個平平庸庸的組織。

彌補自己的短處，有效的解決辦法是設法控制弱點，只要它不嚴重影響、制約你優勢的發揮就行，騰出手來把優勢磨礪得更加犀利，用你的超強優勢主題來蓋過你的弱點。每個人、每個企業都有自己的特長、興趣、愛好，充分發揮你的優勢，在你所在的領域成為 No.1 就是成功，360 行行行都可以出狀元，都是成功！

幾千年來，很多哲學家都忠告我們，要認識自己，但是，大部分的人都把他錯誤的解釋為僅認識和挖掘消極的一面，認為只有這樣才是正確的認識自己。

這是一種習慣型的思維誤區。認識自己的缺點是很正確的，並可借此謀求改進和完善。但如果僅認識自己的消極面，就會陷入混亂，使自己變得沒有什麼價值感。因此，在正確認識自己缺點的習慣之後，也是你進行自我肯定的習慣之始。

要培養善於調節心情的習慣

　　現代社會，人們面臨的誘惑越來越多，如果人們不善於調節自己的心情，那麼就會被誘惑牽著鼻子走，偏離成功的軌道。所以，養成要培養善於調節自己心情的習慣，就顯得尤為重要了。

　　喜歡生氣、為小事抓狂的人，總是讓別人有機可乘。生氣當然不會是件好事，至少對健康就是不利的因素，若能養成學會調節自己心情的好習慣，懂得訓練自己，在生活中減少對外在環境的過度反應，也許有助於內心的平和。

　　人們喜歡為了一些雞毛蒜皮的事物，爭執不休，徒然浪費許多有限的生命，而一無是處。人與人之間的爭吵、訴訟、詐欺、迫害，都是浪費精力又無意義的事情。

　　有些人，總是喜歡無所不用其極去傷害別人，造成別人的痛苦。而我們也總是被別人所影響，一般人的情緒比較脆弱、容易生氣，和別人爭執也多，大部分的人皆屬於平凡人，所以，都有生氣的經驗。

　　生氣是一種選擇，也是一種習慣，是對挫折、被侵犯以及不合理對待的反應。

　　有很多人在生氣之後習慣於給自找藉口，他們說道：「我天生就這樣。」「我也沒辦法呀！」並以此來求得別人的原諒。如果是人們偶爾如此，我們就會嘲笑他，「又在幫自己找藉口

了！」可是當他習慣於這樣說之後，當我們數十百遍的勸諫都無濟於事之後，也許你就會疑惑起來，難道他的脾氣真是天生的嗎？

有一個禪的故事說得很好：

盤圭禪師說法時不僅淺顯易懂，也常在結束之前，讓信徒發問問題，並當場解說，因此不遠千里慕道而來的信徒很多。

有一天，一位信徒請示盤圭禪師說：

「我天生脾氣不好，不知該如何改正？」

盤圭：「是怎麼一個『天生』法？你把它拿出來給我看，我幫你改掉。」

信徒：「不！現在沒有，一碰到事情，那『天生』的性急暴躁，才會跑出來。」

盤圭：「如果現在沒有，只是在某種偶發的情況下才會出現，那麼就是你和別人爭執時，自己造就出來的，現在你卻把它說成是天生，將過錯推給父母，實在是太不公平了。」

信徒經此開示，會意過來，再也不輕易的發脾氣了。

答案很自然也很明顯，沒有天生的脾氣。世間上沒有天生的東西，大自然因緣聚合森羅萬象，我們的本性中包含了善與惡，所謂「心生則種種法生，心滅則種種法滅」。任何人只要有心，沒有改不了的惡習。

沒有人願意生氣，但是，還是會經常為小事而生氣。在生氣中，人們便會容易做出沒有經過審慎判斷的事。

173

第四章　好習慣帶來好心情

　　人之所以會生氣，主要是外在環境的刺激，除非是聖人，否則，一般平凡人皆會因為生活中的種種人或環境而生氣，能夠在生氣時自省或是生完氣覺察的人，就已經不容易了。

　　任何一個成功者都具備善於調節自己心情的好習慣，這個優秀的習慣伴隨著他們走向事業的輝煌。

　　三國時期，蜀相諸葛亮親自率領蜀國大軍北伐曹魏，魏國大將司馬懿採取了閉城休戰、不予理睬的態度對付諸葛亮。他認為，蜀軍遠道來襲，後援補給必定不足，只要拖延時日，消耗蜀軍的實力，一定能抓住良機，戰勝敵人。

　　諸葛亮深知司馬懿沉默戰術的利害，幾次派兵到城下罵陣，企圖激怒魏兵，引誘司馬懿出城決戰，但司馬懿一直按兵不動。諸葛亮於是用激將法，派人給司馬懿送來一件女人衣裳，並修書一封說：「仲達不敢出戰，跟婦女有什麼兩樣。你若是個知恥的男兒，就出來和蜀軍交戰，若不然，你就穿上這件女人的衣服。」

　　「士可殺不可辱。」這封充滿侮辱輕視的信，雖然激怒了司馬懿，但並沒讓老謀深算的司馬懿改變主意，他強壓怒火穩住軍心，耐心等待。

　　相持了數月，諸葛亮不幸病逝軍中，蜀軍群龍無首，悄悄退兵，司馬懿不戰而勝。

　　抑制不住自己心情好壞的人，往往傷人又傷己，如果司馬懿不能忍耐一時之氣，出城應戰，那麼或許歷史將會重寫。

　　如果生氣是一種習慣，那麼調節自己的心情讓自己不生氣，也是一種習慣。

　　一個人在發怒時，總是氣勢洶洶如臨大敵似的，與其選擇抑制怒氣，不如選擇對外在環境有免疫力，不要輕易陷入生氣的陷阱中。

　　讓不生氣也成為一種習慣。

　　學習勝利者的特質，並保持正確的自我評價，在生氣管理上是很重要的一環。擁有失敗特質的人，永遠無法對自己寬容，永遠在給自己設定目標。如果你對自己評價不高，即使只是些微的失落感或輕微的刺激，都可能讓你暴跳如雷；相反，對自己感覺越好、越有自信，別人越尊敬你、欣賞你，你也越容易和自己保持和諧。因為在這種狀態下，勝利者通常會覺察到自己的生氣感覺，並且全心接受自己所做的選擇。切記，要相信自己，別和自己過不去。

　　人總是在自省中認清自己的，你能夠掌握生氣的動力，並且決定生氣會有什麼樣的結果。相信自己，你能做到。

　　發怒之前，你一定要問問自己：你準備好發怒了嗎？

　　這是英國官方認可的「標準息怒法」，但你得分情況使用，用錯了可別怪別人！

　　第一步，對自己以往的行為進行一番回憶評價，看看自己過去發怒是否有道理。經過這樣一回憶，你會發現自己有時候是明顯的無理取鬧。有個很有趣的故事可以說明問題。有一天

老闆對下屬發火，下屬不敢對老闆生氣，回來對妻子亂發脾氣，妻子沒法，只好對兒子發脾氣，兒子對貓發脾氣。這一連串的發脾氣只有開頭老闆對下屬發脾氣是有些緣由的。後來的一連串發脾氣都是無中生有。如果你在發怒之前能想一想發怒的物件和理由是否合適，方法是否適當，你發怒的次數就會減少 90%。

　　第二步，低估外因的傷害性。生活中我們可以觀察到，易上火的人對雞毛蒜皮的小事都很在意，別人不經意的一句話，他會耿耿於懷。過後，他又會把事情盡量往壞處想，結果，越想越氣，終至怒氣衝天。脾氣不好的人喜歡自尋煩惱，沒事找事，惹點禍來看看。息怒的技巧是，當怒火中燒時，立即放鬆自己，命令自己把發怒的情境「看淡看輕」，避免正面衝突。當怒氣稍降時，對剛才的發怒情境進行客觀評價，看看自己到底有沒有責任，惱怒有沒有必要。

　　第三步，先冷靜了自己再說。莎士比亞筆下的奧賽羅聽信小人讒言，怒髮衝冠，回到家中不問青紅皂白把愛妻一劍送入黃泉。及至覺悟，已為時晚矣。痛不欲生的奧賽羅自盡身亡，從而釀出一幕人間悲劇。如果當時奧賽羅稍冷靜地想一想，對事件有一個理智的思考時，就不會做出這樣的傻事了。

　　第四步，能量轉移。怒氣似乎是一種能量，如果不加控制，它會氾濫成災；如果稍加控制，它的破壞性就會大減；如果合理控制，甚至可能有所助益。有位日本老闆想出奇招，設

立一間房間，房間內擺上幾具以公司老闆形象製作的橡皮人，有怒氣的員工可隨時進去對「橡皮老闆」大打一通，揍過之後，員工的努氣也就消減了大半。如果你平時生氣了，出去參加一次劇烈的運動，或看一場電影娛樂一下，那怕出去散散步也與這種方法有異曲同工之妙。脾氣暴躁的人經常生氣已成為一種習慣，所以僅讓他自己改正它往往並不能持久，必須找一個監督員。一旦露出生氣的跡象，監督員應立即以各種方式加以暗示、阻止。監督員可以請自己最親近的人來做。這種方法對下決心想控制怒氣但又不能自控的人來說尤為適合。

面對批評要虛心接受

大多數的人都是喜歡被人誇獎的，沒有多少人是喜歡被別人批評的。但有些時候我們的確是錯了，而自己卻沒有覺察到，別人的批評正是給我們指出錯誤的所在，這樣不正有利於我們發現自己的不足，並加以改正嗎？

別人的批評不是對我們個人本身的不滿，而是對我們做事或是對人態度的不滿，他們的批評是對我們做事的建議，並不是無中生有的挑剔。別人的批評是針對我們所做的事，絕不是針對我們的人格而來的，是對事不對人，是讓我們知道自己存在著哪些不足和缺點，是讓我們以後能逐步彌補和改掉它們，是讓我們自己去完善自己。

第四章　好習慣帶來好心情

　　假如有人罵你是「一個笨蛋」，你應該怎麼辦呢？生氣嗎？覺得受到了侮辱嗎？

　　林肯是這樣做的：有一次，愛德華‧史丹唐稱林肯是「一個笨蛋」。史丹唐之所以生氣是因為林肯干涉了史丹唐的業務，為了要取悅一個自私的政客，林肯簽出了一項命令，調動某些軍隊。史丹唐不僅拒絕執行林肯的命令，而且大罵林肯簽出這種命令是笨蛋的行為。結果怎麼樣呢？當林肯聽到史丹唐說的話之後，他很平靜地回答說：「如果史丹唐說我是個笨蛋，那我一定就是個笨蛋，因為他幾乎從來沒有出過錯。我得親自過去看一看。」

　　林肯果然去見史丹唐，他知道自己簽出了錯誤的命令，於是收回成命。只要是誠意的批評，是以知識為根據而有建設性的批評，林肯都非常歡迎。

　　卡內基認為，我們也應該歡迎這一類的批評，因為我們甚至不能希望我們做的事有四分之三正確的機會，至少，這是羅斯福說他希望有的；而他那時候正入主白宮。愛因斯坦是世界上最有名的思想家，也承認他的結論有百分之九十九的時候都是錯的。

　　羅契方卡說：「我們敵人的意見，要比我們自己的意見更接近於實情。」

　　當你習慣於這麼想的時候，你就離真正的完美很近了。可惜，人無完人，我們對於這一點總是很難做到。

　　卡內基承認，很多次他都知道這句話是對的。可是每當有人開始批評他的時候，只要他稍不注意，就會馬上很本能地開始為自己辯護 —— 甚至可能還根本不知道批評者會說些什麼。卡內基說，每次他這樣做的時候，就覺得非常懊惱。我們每個人都不喜歡接受批評，而希望聽到別人的讚美，也不管這些批評或這些讚美是不是公正。我們不是一種講邏輯的生物，而是一種感情動物，我們的邏輯就像一艘小小的獨木舟，在又深又黑、風浪又大的情感海洋裡漂蕩。

　　因此，接受批評，這是一種最難培養的習慣。但因為難，因此才越發顯得有必要。

　　培養自己接受批評的習慣，意味著你要以另一種好習慣為先導。這種好習慣就是：不急於為自己辯護。

　　如果我們聽到有人說我們的壞話，不要先替自己辯護。我們要與眾不同，要謙虛，要明理，我們要去見批評我們的人，要說：「如果批評我的人知道我所有的錯誤的話，他對我的批評一定會比現在更加嚴厲得多」我們要依靠自己贏得別人的喝采。

　　事實上，沒有人喜歡受到批評。在內心深處，我們都明白，批評是提高業績、了解實情並避免災難性決定的關鍵所在。但這是件痛苦的事。提出批評需要勇氣，而接受批評需要更大的勇氣。而在事後感謝批評者的人，就是非常偉大的了。

　　所以，除非你甘於平庸，你就不必在意這種習慣；如果你

是個追求卓越的人，做人做事講求完美的人，那麼，接受批評的習慣不可或缺。

這種習慣雖然培養起來難，但好方法會讓你事半功倍。有的人剛愎固執，接受不了半句批評；有的人虛懷若谷，有批評一概採納；有些人正面是千恩萬謝的接受，轉個身卻忘得一乾二淨；有的人正面是硬不認錯，死要面子，背地裡卻能小心地檢討。

以上四者都不能算是懂得接受批評的人，因為第一和第四者沒有接受批評的雅量，顯得風度不佳；第二者沒有審度批評的能力，容易隨風傾倒；第三者沒有採納批評的誠意，只是巧言令色。

那麼怎樣才是面對批評的態度呢？虛心接受、小心地選擇、衷心地採納。

卡爾‧李特爾（Carl Ritter）是 18 世紀古典時期德國地理學開創人之一，他慷慨地提拔年輕的批評者 —— 弗勒貝爾的故事是感人至深的。李特爾非但不嫉恨和打擊這位魯莽的批評者，反而把他的批評文章推薦給一本著名的學術刊物，而且他本人還在公開發表的評論裡，對這位年輕學者的「敏銳頭腦」和「真摯思想」大加讚揚。後來弗勒貝爾來到柏林，李特爾還熱情接待，為他安排當時他極為需要的工作。一位學術權威界的尊長，如此對待這那麼不客氣地批評他的後學，是否會使那些害怕甚至敵視批評的人覺得汗顏呢？

西方諺語說：「恭維是蓋著鮮花的深淵，批評是防止你跌倒的拐杖。」聽慣了諛詞的人常常狂妄自大，只有不時被人批評的人，才能明白自己有多少斤兩。所以，我們必須養成虛心接受批評的習慣。

學會不斷充實自己

現代人太忙，做什麼都是來也匆匆，去也匆匆。大人們忙升官，孩子們忙升學，年輕人忙充電，老年人忙爬山，男人忙，女人忙……真是全國上下一片忙。如果當時間的列車突然急剎車，忙得不可開交的人們突然一下了閒了下來，許多人都會有一種如同暈車般的感覺，那就是內心空虛。

根據雅虎和廣告公司 OMD 聯合組織的一次網路調查顯示，網路沉癮者一旦遠離網路就會感到精神空虛，生活迷失方向。

研究人員讓接受測試的 28 名網路沉癮者在兩個星期不上網，並讓他們以日記的形式記錄期間的心理路程。從他們寫的日記來看，兩個星期遠離網路嚴重影響了他們的社會生活，讓他們感到厭倦無助，精神空虛。

研究者說，這一調查結果並不意外，這為網路公司提供了良機。「透過這些資料，我們可以說明網路公司修正服務的內容，了解使用者的真正需求。」

測試者稱，沒有網路時，他們參加比賽或是購物感到索然

無味。從社會意義上講，他們感到無法與親密朋友以外的其它人群溝通。因為，他們中有許多人是透過電子郵件或是即時通訊軟體和朋友交往，而不是傳統的電話和書信。

有句話說：「失之東隅，收之桑榆。」我們的處境證明這句話反過來說也是正確的。在整日不得閒的時候，我們忽略了生命中最重要的東西——快樂。我們在整天忙著賺錢，物質財富得到極大豐富的今天，住在裝潢得有如同皇宮般金碧輝煌的鋼筋水泥結構中，各種娛樂設備應有盡有，卻總感到丟失了什麼，總感到心裡特別空虛，總感到生活如同一灘死水一樣沒有生氣，如同沒放鹽的飯菜一樣沒有滋味。我們只顧著經營身體賴以寄存的有形的家，卻把心靈的家園荒蕪了——我們把心丟了。

有人百思不得其解，為什麼自己整天吃山珍海味、生猛海鮮，卻不如天天背著乾糧爬山的老年人活得充實，為什麼自己夫妻二人穿戴都是名牌，卻不如穿著粗衣的老年人夫妻恩愛，生活過有滋味。其實，老年人生活充實且富有熱情也沒有什麼祕方。正如他們所說「我亦無他，惟心細耳。」如果真我們能和老年人一樣閒暇時種竹澆花，下班後夫妻雙方牽手一起回家，飯後到公園中散步。我們也能像以前一樣感到充實，感到有熱情，感到生活的樂趣，也能找回自己丟失的心。俗話說：「踏破鐵鞋無覓處，得來全不費工夫。」快樂其實就在我們身邊，只不過我們沒有用心體會罷了。

其實，生活中的情調要靠自己去創造，與其苦苦地去追尋，不如先細心體會眼前實在的快樂。

松下幸之助在《路是無限的寬廣》中寫道：「工作就是生活的中心。」的確，工作是人生的主要內容。年幼時求學，為的是有更好的工作，年輕時自然要工作，老年時雖然退了休，可是許多老年人不也仍是壯心不已，在發揮餘熱嗎？因為他們知道，沒有了工作，生活就失去了樂趣，在他們眼裡，工作是一種享受，而不是一種痛苦。如果將工作視為是義務，人生就成了地獄，如將工作視為是樂趣，人生就成為樂園。

當你感到失望、沮喪、痛苦的時候，請制訂一個工作計畫，並馬上開始工作。工作會把你的注意力轉移到別的地方，讓原來的糟糕心情逐漸融化，幫助你恢復良好心態。每當你感到失望、痛苦和沮喪的時候，就馬上投入工作，做點什麼吧！養成這樣一個好習慣，對你拋掉煩惱保持快樂將大有裨益。

在工作之外，你可以讓休閒娛樂和個人興趣充實自己。

據說，西班牙的宗教裁判所和希特勒的集中營中常用的一種用來拷問囚犯和俘虜的刑罰，是將囚犯的手腳固定，然後在他們的頭部上端吊一個漏斗一樣的水袋，水袋會晝夜不停地在囚犯頭上嗒、嗒的滴水，久而久之，囚犯便會神經錯亂，直至發狂。原來在囚犯們聽來，那落在頭上的水滴聲好似重錘擊打在頭上發出的聲音一樣，聽久了，他們的心靈便會徹底崩潰。

第四章　好習慣帶來好心情

　　生活中的無休止的忙碌就好似那不停地往下滴水的水袋，只要你不離開，它就會一刻不停地擊打的你的心靈，不會放鬆自己的人，終將被其擊垮。所以，我們在工作之餘，應該學會放鬆，學會盡情享受美好人生。由於生活節奏的加快，人們忙忙碌碌為工作、為生活，似乎每天都沒有充裕的時間去放鬆自己。其實只要合理地分配你的時間，也就是說妥善地處理好工作與生活、忙碌與休閒之間的關係，堅持每天抽出一點時間來放鬆自己，做自己喜歡做的事即可。

　　近代心理學研究表示，在工作繁忙時，到戶外散散步或晒晒太陽，或聽聽舒緩的音樂，除了消除疲勞之外，還能活躍思考。每天抽出一點時間來讓心靈得到放鬆，你會感受到這競爭之外的愜意。這時的休閒不是消磨時光，而是在積蓄力量，為更好地去工作而積蓄力量。所以，你不必內疚，也不必要找藉口推託。

　　如果在現今繁雜沉重的社會重壓下想更好地生活，心情必須時時平和恬淡、安寧悠閒。這種恬淡與閒適不是老莊的「無為」，不是脫離現實世界，也不是消極避世，而是自我創建一片心靈的樂土，適時的身我調解和自我放鬆。

　　尋三、五個志同道合者，利用週或連休日，爬山涉水，融入大自然，寵辱皆忘，物我合一，其樂陶陶。密樹幽林，崎嶇險徑，清溪靜泉，飛瀑流澗，幾聲鳥鳴，幾聲猿嘯，幾隻野兔

悠然奔跑，幾頭小鹿追逐嬉戲，七八伐木護林工人辛勤工作，四五牧童牛背笛簫……得遇此境，置身自然，將靈魂盡皆託付與自然，大自然用母親般的胸懷接納我們，心靈中的污垢會隨微風的吹拂而遊移，隨溪泉的流淌而過濾，留下深情，任你神思品味，哪裡還有煩惱可言？

與琴棋書畫為伍也是追求閒適的好方法，喜好音樂者，可隨手彈吟哼唱，大自然的各種聲音便在琴瑟笛簫中悠悠流動。喜好下棋者，找一、兩個棋友，對弈廝殺，圍魏救趙、釜底抽薪、海底撈月、丟車保帥，彷彿置身沙場的大將，又如運籌帷幄的軍師，整盤棋局盡在掌握之中。愛好讀書，則會時時與先賢古人會話，與其同榮共辱，或拍案而怒，義憤填膺，或搖首嘆息、痛斷肝腸。得古人之恩，學今人之道，古今中外的人物盡現唇齒之間。愛好藝術的人，可體味王羲之洗硯、吳道子作畫，可欣賞達文西的《蒙娜麗莎的微笑》，自我愉悅，自得其樂。

現在，閒暇時可以上網，打開聊天室，既可以和老朋友打聲招呼，也可以找幾個陌生人隨便閒聊一通。也可以下載幾首愛聽的歌曲，邊欣賞邊看網路文學；也可以看看電影，也可以玩一會線上遊戲。當然，要適可而止，不要過度。只要自己喜歡，同樣可以獲得閒適的心情，擁有閒情雅致。

第四章　好習慣帶來好心情

第五章
好習慣讓你更自信

　　自信是人們事業成功的階梯和不斷前進的動力。在許多偉人身上，我們都可以看到超凡的自信心。正是在這種自信心的驅動下，他們勇於對自己提出更高的要求，並在失敗中看到成功的希望，鼓勵自己不斷努力，最終獲得成功。有自信心的人，可以化平庸為神奇，化渺小為偉大，創造出驚天動地的業績。所以，我們一定要培養自信的習慣，只有具備了良好的習慣，我們才能夠對自己更加自信。那麼，成功就會離我們不再遙遠。

搭建自信的平臺

　　亞歷山大大帝東征，為希臘和東方、遠東的世界帶來了經濟和文化的交流，也促進了東西方之間的聯繫，雙方貿易往來更加頻繁。據說他投入了全部的青春活力，出發遠征波斯之際，曾將他所有的財產分給了臣下。為了開始征伐波斯的漫長征途，他須買進種種軍需品和糧食等，為此他需要巨額的資金。當他把珍愛的財寶和他擁有的土地幾乎全部分給臣下時，群臣之一的庇爾狄迦斯，深以為怪，便問亞歷山大大帝：「陛下帶什麼啟程呢？」對此，亞歷山大回答說：「我只有一個財寶，那就是『信心』。」

　　培養充分的自信和堅忍不拔意志的習慣，是事業取得成功的一個重要條件。俗話說：「這個世界是由自信心創造出來的。」可見，養成自信的習慣對一個人成功的重要性。生活在機遇和挑戰無處不在的 21 世紀的今天，想要有所作為，有所建樹，自信更是不可或缺的重要因素。

　　在追求成功的過程中，自卑心理具有相當大的危害。危害之一，往往坐失良機，面對機遇，未戰心先怯，不敢奮力一搏；危害之二，本來可以克服的困難，變成了無法跨越的障礙，讓許多事情功敗垂成；危害之三，造成人格和心理斷層，不敢面對挑戰，久而久之，自卑成「病」，完全失去了克服困難勇往直前的雄心和志氣。

其實任何人都可能有點自卑情緒，包括偉人。如何對待自卑情緒才是成功者與失敗者的區別。自卑情緒既可能轉化為巨大的消極因素，也可能轉化為巨大的動力，關鍵是你如何看待它。我們要做的就是將自卑轉化為自信。那麼，如何轉化呢？

其一，經常使用自我警示語。把「我不行」等語句從你的字典和內心中剷除，談話中不提它，想法中排除它，態度中拋棄它，以激勵我們積極行動的自我提示語來取代。拿破崙‧希爾曾列舉了一些有重要意義的提示語，如：如果相信自己能夠做到，你就能做到；不論我以前是什麼人，或者現在是什麼人，如果我是憑積極心態行動的，我就能變成我想做的人；生活中的每一方面，都在一天天變得更好……你可以運用這些能自我激勵的語句經常進行自我警示，並融入身心，讓自己變得更有自信。

其二，用積極的心態把自己看作成功者。美國億萬富翁卡內基說：「一個對自己的內心有完全支配能力的人，對他自己有權獲得的任何其他東西也會有支配能力。」當我們用積極的心態把自己看作成功者時，我們就開始擺脫自卑，走向成功了。

當你問自己有沒有信心改變弱點時，如果你回答「有」，那麼你對自己心理弱點的改變便有了一個良好的開始。這是一個心理奧妙，也是人生的一種經驗。古人說：「情動於中而行於言，言之不足故嗟嘆之，嗟嘆之不足故歌詠之。」具體的語言文字，有聲話語對人的情緒、情感起著巨大的調節作用。

所以，我們都應該堅信一點：自己能夠塑造自己。我們要養成培養自信的優秀習慣，千萬不要有那種「我這點不如人家、那點不如人家」的消極態度，我們應該有信心說自己能行。正如古人所說：「黃河尚有澄清日，豈有人無得運時。」事實會證明，只要你肯做，你就真的能行。

　　每個人都有自己的優勢，也有自己的弱點。問題是，你要強調什麼？你要怎樣生存下去？如果只看到自己的弱點而灰心喪氣，你便會愈來愈弱；如果你充分運用自己的優勢而不斷進取，你便會揚長避短，勇往直前。學習如何接受自我是克服自己弱點的第一步。拿破崙一世 （Napoleon）有句名言：「世上沒有廢物，只是放錯了地方。」李白說過：「天生我材必有用。」每個人都有其內在的潛能，只要位置擺對，其潛能就可以發揮出光和熱。這些光和熱就是我們夢寐以求的成功。

心中藏有自信的種子

　　那是經濟略顯衰退之時，許多公司都在大量裁員，而此時，有個年輕人剛從大學畢業，想到當地一家大百貨公司找一份工作。他帶著一封介紹信，這是他的父親寫給當年的大學同學 —— 百貨公司經理的。

　　經理讀了介紹信，對年輕人說：「我本來可以幫你找個工作。令尊是我大學裡最要好的朋友之一，每年校友聯歡會上，

我都期望見到他。但不巧的是，你這個時候來，真是太不湊巧了。好長一段時間，我們生意一直虧本，除了最必需的人員，我們不得已把所有的職員都解僱了。」

這所大學的許多畢業生都來這家百貨公司找工作，得到的全是同樣的答覆。

一天，又有一個學生說起他要到百貨公司找工作，同伴們不禁哄笑起來，說他純粹是浪費時間。

但這個年輕人自有主意。他手上沒有什麼介紹信，進了商店就逕自來到經理辦公室的門口，他並不是來找工作的。他請人送進去一張紙條，字條上寫著：「本人有一個主意，可以幫你從大蕭條中解脫出來。可否與你一談？」「請他進來！」公司經理命令道。

年輕人進去後馬上轉入正題：「我想幫你設立大學專櫃，向大學生銷售服裝。本校有 16,000 名學生，人數年年都有所增長。雖然我對批發衣服一竅不通，但我懂得這些學生喜歡什麼，讓我幫你設立會受大學生歡迎的專櫃，我可以向他們宣傳，吸引他們來這裡買衣服。」

沒過多久，這家百貨公司果真設立大學專櫃，新穎的款式吸引了一批又一批大學生湧入百貨公司，公司很快就生意興隆，發了大財！不用說，這年輕人成了公司的員工。

這個出主意的青年就是 F‧貝特傑，後來成為美國大名鼎鼎

的銷售專家。他出身貧寒，以人壽保險員起家。在長年的經營活動中，他運用社會學、心理學、語言學等方面的知識，獨創了一整套別具特色的銷售方法，獲得了極大的成功。

在世界上做出過一番轟轟烈烈大事業的人，都特別有自信。他們具備培養自信的好習慣，信任自己，相信自己是為成功而生的。他們覺得一切事情，都是他們的職責；一切困難，他們都能征服。他們是環境的主人，環境是可以由他們操縱的。任何事情，只要他們肯負責的話，不但能夠做到，而且能夠做好。「難」這個字，在這些人的字典上是沒有的。不管遇到多大的阻礙，他們都一定能實現他們的意願。約翰‧班揚（John Bunyan）雖被關在監牢裡，但他能夠利用那紙卷的牛奶瓶塞寫出《天路歷程》一書。約翰‧米爾頓（John Milton）的眼睛被挖，還能寫成《失樂園》這部名著。相反地，許多人對於自己的能力沒有一點兒自信心，偶然受到一點兒挫折，就心灰意懶，一蹶不振，把這歸咎於命運的不濟。其實他們失敗的原因，多數是由於自己不自信。古人說：「哀莫大於心死，而身死次之。」足見沒有自信心的人，是如何的危險。有人把自信心比喻為人的脊梁，一個沒有脊梁的人，是不可能站起來的。一個缺乏自信心的人，也是什麼事都做不成的。

懷有自卑情緒的人，往往遇事總是認為「我不行」、「這事我幹不了」。其實，他還沒有試一試就給自己判了死刑。實際

上，只要他專注努力，是能做好這件事的。認為別人都比自己
強，自己處處不如人，這是一種病態心理。在追求成功的過程
中，這種心理是非常不利的。李嘉誠認為，只要有信心，有耐
心，同樣可以成為億萬富翁。對每個有志於成就一番事業的人
來說，一個非常重要的前提，就是自己要養成自信的好習慣、
有堅定不移的信心。在市場經濟的猛烈衝擊下，很多人都在尋
找致富之路，從公司主管到員工，從大學教授到銷售員，從博
士到農民，各個行業、各個階層的人士都紛紛在考慮致富，研
究致富。但也有許多人對此信心不足，認為自己缺乏致富的條
件，缺乏致富的機遇。實際上，他們真正缺少的是自信。由於
缺乏堅定的信心，他們要麼是對致富缺乏熱忱，缺乏積極的行
動，要麼是在致富過程中只要遭受一點兒挫折，就灰心喪氣，
把懷疑的目光投向自己，不相信自己有足夠的智慧和力量能克
服困難，取得成功。這種平庸短視的見識，阻擋了他們努力向
上的精神力量，讓他們本來可以發揮得淋漓盡致的才能被輕易
否定和抹殺，斷送了他們本來可以創造出來的光明前途。這類
人是永遠無法擺脫貧困的。所以，要想取得事業上的成功，首
先就要養成自信的好習慣。

　　低著頭走路的人發不了財，畏首畏尾的人成不了大事，天
天垂頭喪氣的人，更是不可能有所成就的。走路抬頭挺胸、個
性豪爽、態度樂觀的人，才是事業的寵兒。因為性格樂觀、充

滿自信是做好所有事情的基礎。獨木橋的那一邊是美麗豐碩的果園，自信的人大膽地走過去，採擷到自己的願望，缺乏自信的人卻在原地猶豫：「我是否能夠過得去？」── 而果實，此時已被大膽行動的人採走了。

自信的語言不可或缺

　　一個人氣質如何，首先會從語音表現出來。氣質好的人，往往說話也自信，可謂「擲地有聲」，是不是自信，對生活有沒有掌控感，是可以透過聲音完全判斷出來的。懦弱、膽小的人，往往說話聲音也小；而那些聲若洪鐘、說話乾淨俐落的人，則常常是自信滿滿、底氣十足的人。

　　在日常生活中，我們常說：「這個人性格開朗。」或說「那個人很內向。」其實，「開朗」或「內向」的印象，並非由性格來判斷，而是由自我表現的方式所決定的。

　　拿破崙·希爾指出，有很多思路敏銳、天分高的人，卻無法發揮他們的長處參與討論。並不是他們不想參與，而只是因為他們缺少信心。

　　在會議中沉默寡言的人都認為：「我的意見可能沒有價值，如果說出來，別人可能會覺得很愚蠢，我最好什麼也不說。而且，其他人可能都比我懂得多，我並不想讓他們知道我是這麼無知。」

這些人常常會對自己許下很渺茫的諾言：「等下一次再發言。」可是他們很清楚自己是無法實現這個諾言的。時間久了，次數多了，沉默寡言也就成為一種習慣了。這種習慣會形成一種惡性循環。每次這些沉默寡言的人不發言時，他就又中了一次缺乏信心的毒素了，他會愈來愈喪失自信。

從積極的角度來看，如果盡量發言，就會增加信心，下次也更容易發言。所以，要常發言，讓發言成為一種習慣，這是信心的「維他命」。

有的人有強烈的個人語言魅力，這種語言魅力為他塑造了良好的氣質，甚至可以塑造了良好的對外形象。

響亮的語言、自信的語調總是能感染別人；人們也總是願意與這樣的人相處，誰都不願與一個成天不開心的人共事。況且，連話都不敢大聲說，還能指望你去做什麼呢？

聲音的共鳴能達到具有韻律感的愉快聲調，鼻音共鳴能達到這一點，但這並不是指原始的鼻音。「真正具有共鳴效果的鼻音是指如同訓練過的法國歌星或演說家的聲音。」卡內基這樣說。

一位公司的董事長大衛・M・顧立區便是透過先閱讀並朗誦抒情詩開始訓練演講的聲音技巧的。他參加訓練班前曾告訴過卡內基，他的發音不大準確，而且每逢說話時便驚恐萬狀，一個字也說不出。

於是卡內基讓顧立區在訓練班同學面前先發言並朗誦詩，剛開始顧立區非常靦腆，但還是朗誦了印度戲劇家卡利大森的詩。3個月後，他的演講進步神速，在一次聚會中他激動地說：「讓我們袪除對生命的恐懼吧！」

這種聲音訓練法又被卡內基稱之為「將微笑及愉悅的靈魂投入聲音中」的技巧。首先，你得有勇氣站出來身體力行去演說，但又不要把演說看成是一個大難題，那只不過是一場稍微嚴肅些的談話而已，不用害怕，你運用你的聲音首先感染自己，再去感染別人。

每天訓練自己大聲說話，讓自己的嗓音在習慣中洪亮起來。試試看，大聲說：「我今天很痛快！」說話時是不是感覺比先前更舒服一點呢？你必須時時刻刻保持這樣的狀態，讓大聲說話成為你的習慣，你的感覺每天都會很好。

養成積極思維的習慣

你是否想過自己必須贏得多少勝仗，才得以降生人間？「想想你自己」，基因專家猶太人亞倫·史奇菲德說：「從古至今，沒有一個人和你一模一樣，未來也不可能會有另一個你。」

二十四個染色體，無數的基因經過排列組合，產生你的遺傳基因。這些遺傳基因來自你的父母；他們各自的祖先，經過數千年來物競天擇，進化了最具優勢的遺傳基因。想想看，數

千萬個精子競逐，一個最敏捷、速度最快的精子搶先與卵子結合，唯一的優勝者造就了你，你的生命從此開始。受精卵比針尖還小，必須經過無數次細胞分裂，才能長到肉眼可見的大小，這是攸關你生死存亡的重要戰役。

你是這場**轟轟**烈烈的空前戰役中，唯一的勝利者，具備先人所有的潛能和力量。你是天生贏家，不論你的人生遭遇多少阻礙和困難，都不及受孕時的十分之 —— 。每個人都是與生俱來的勝利者。

一個人是否成功，就看他的態度了！成功人士與失敗者之間的差別是：成功人士始終用最積極的思考、最樂觀的精神和最輝煌的經驗支配和控制自己的人生。失敗者剛好相反，他們的人生是受過去的種種失敗與疑慮所引導和支配的。

有些人總喜歡說，他們現在的境況是別人造成的，環境決定了他們的人生位置。但是，我們境況不是周圍環境造成的。如何看待人生，是由我們自己決定。納粹德國某集中營的一位倖存者維克多·弗蘭克（Viktor Emil Frankl）說過：「在任何特定的環境中，人們還有一種最後的自由，就是選擇自己的態度。」

馬爾比·D·巴布科克（Harold Delos Babcock）說：「最常見同時也是代價最高昂的一個錯誤，是認為成功有賴於某種天才，某種魔力，某些我們不具備的東西。」可是成功的要素其實掌握在我們自己的手中。成功是正確思維的結果。一個人能飛多高，並非由人的其他因素，而是由他自己的態度所制約。

第五章　好習慣讓你更自信

我們的態度在很大程度上決定了我們人生的成長：

- 我們怎樣對待生活，生活就怎樣對待我。

- 我們怎樣對待別人，別人就怎樣對待我。

- 我們在一項任務剛開始時的態度，決定了最後有多少的成功，這比任何其他因素都重要。

- 人們在任何重要組織中地位越高，就越能達到最佳的態度。

人的地位有多高，成就有多大，這完全取決於支配他的思想。消極思維的結果，最容易形成被消極環境束縛的人。消極思維者就像把整個雞蛋連殼吞掉的人。他不敢挪動身體，害怕雞蛋會弄破，又不敢坐直不動，生怕雞蛋會孵出小雞。消極的態度導致消極後果。

一個人在生活中老是尋找消極東西的話，就會成為一種難以克服的習慣。這時候，即使出現好機會，這個消極的人也會看不到，抓不著。他會把每種情況都看作一個障礙，而障礙與機會之間有什麼差別呢？主要在於人們對待事物的態度。阿伯拉罕·林肯被普遍認為是美國歷史上最偉大的總統。林肯說過：「成功是屢遭挫折而熱情不減。」正確的做法是，在徹底考察事物的積極面之前，決不接受消極的東西。積極思維的習慣養成之後，人們就比較容易在關鍵時刻作出明確的決定。

俗話說：「物以類聚，人以群分。」聚在一塊的人會互相影響，逐漸靠攏而變成相同的樣貌。

人們大概注意到結婚多年的夫婦行為逐漸變得一樣，甚至連外貌也相似。其中以思考方式的同化是最明顯不過的。跟消極思考者相處得久了，你就會受他的影響。接觸消極思考者就像接觸到原子輻射。如果輻射劑量小，時間短，你還能活，但持續輻射就會要命了。

你大概也跟事事悲觀的人接觸過。譬如屋頂漏水，這種人就認定暴風雨要來臨了。他們把人生看成一片黑暗，大難臨頭。這些人的座右銘就跟墨菲定律（亦稱莫非定律）一樣，墨菲定律即是：任何事情都看似容易，實質很難；任何事情所費時間都比你預期的多；任何事情都會出差錯，而且是在最壞的時刻出差錯。

與此相反，我們用馬克士威定律看待人生：「任何事情都看似很難，實質不難；任何事情都比你預期的更令人滿意；任何事情都能做好，而且是在最佳的時刻做好。」

思想消極的人常從錯誤的角度看事情。而成功人士總是從最佳的角度看待機會，做出判斷。

看不到將來的希望，就激發不出現在的動力。消極思考會摧毀人們的信心，讓希望泯滅，慢慢地讓消極思考者意志消沉失去任何動力。

一個人的行為方式，常和他的思考緊密相連。消極思考者不但想到外部世界最壞的一面，而且想到自己最壞的一面。他們不敢企求，所以往往收穫得更少，遇到一個新觀念，他們的

反應往往是：「這是行不通的、從前沒有這麼做過。沒有這主意不也過得很好嗎？這風險冒不得，現在條件還不成熟，這並非我們的責任。」

所羅門國王據說是世界上最明智的統治者。在《聖經‧箴言編》23 章第 7 節中，所羅門說：「他的心怎樣思量，他的為人就是怎樣。」

換言之，人們相信會有什麼結果，就可能會有什麼結果。人不可能取得他自己並不追求的成就，人不相信他能達到的成就，他便不會去爭取。當一個消極思考者對自己不抱太大期望時，他就會給自己取得成功的能力「膨」的一聲封鎖。他成了自己的潛能的最大敵人。

在人生的整個航程中，消極思考者一路上都在暈船。無論目前的境況如何，他們對將來總是感到失望。

在消極思考者眼中，玻璃杯永遠不是半滿的，而是空的。他們預期得到人生中最糟糕的東西 —— 而且確實會得到。這些人如同一個年輕的登山者。那時他正在跟一個經驗豐富的嚮導在白雪覆蓋的高山上攀登。一天清晨，這年輕的登山者忽然被一陣巨大的爆裂聲驚醒。他以為是世界末日了。這時，老練的嚮導告訴他：「你聽到的不過是冰塊在陽光下碎裂的聲音。這不是世界末日，而是新的一天的開始。」

如果我們想把人生盡情發揮，展現我們的潛能，享受人生

之旅，我們就必須在任何環境中樂觀積極。

成功之路是信念與行動之路。

一般人都認為不可能的事，你卻肯挑戰，這就是成功之路了。然而這是需要信心的，信心並非一朝一夕就可以產生的。因此，想要成功的人，就應該不斷地去努力培養信心。

信心的培養需要從學習和實踐兩個方面著手。另一個方法是，提高自己的欲望。藉著提高自己的欲望來培養自己的信心；也就是要抱著欲望去挑戰，而從經驗中培養信心。這時候如果能配合著閱讀一些好書的話，效果會更好。

以「可能」這種想念為種子，散播在你的意識中，然後注意培養、管理。不久，這個種子會慢慢生根，從各方面吸收養分。如果能熱心又忠實地繼續培養信念的話，不久所有的恐懼感就會消失殆盡，不會再像過去一樣出現在軟弱的心中，自己也就不會再成為環境的奴隸。但是你必須站在高塔上去面對環境，並且發現自己能有對環境指揮若定的偉大力量。

培養「可能」這種信念的習慣，也就是把自己的力量，提高到最大的程度。

只要有強烈的意志和努力，一定可以突破一切的障礙，尤其能再和實際連在一起的話，你就可以得到無窮的力量。

但我們都很容易認為：「反正我是不可能再積極了」，或「從自己體力看來，我想我的能力只能到達這裡的為止了」。這

種用理性所劃出來的界線很不容易突破，其實那條線是可以突破的，只因為自己在無意識中畫了那條線，所以才會把自己的能力，一直壓制在低限度的地方。

信念和想像力是阻止人們內心無限發展的可能性的唯一限定。也就是說，設定自己能力界限的，就是自己現在的意識和信念。但對於想要做就馬上去做的人來說，這種界限是不存在的。他所前進的地方、社會的意識是無法限制他的。

自信具有無窮的力量

有兩隻小青蛙，溜到農民的房子裡玩。它們站到一個油罐沿上跳舞時，不小心掉到了裡面。裡面裝的是黏糊糊的油，它們想跳出來，但油太黏，想爬出來，但壁太滑。幾經嘗試，沒有結果。青蛙Ａ邊游邊想，看來我是沒有希望了，怎麼也出不去了。反正也沒希望了，還游什麼呢？這樣想著，四肢越發划不動了。

而青蛙Ｂ呢？它想，今天真糟糕，掉到油裡了。怎麼才能出去呢？牠一邊繼續游，一邊在想：我應該能找到跑出去的辦法。四肢雖然很累了，可它還是堅持著不停地游。邊游邊想：只要還有力氣，不管怎樣，我都要游下去。就在它幾乎游不動的時候，後腿碰到了堅實的固體。原來，奶油在它的不停攪動下凝固了。後來，青蛙Ｂ踩在奶油上跳出了油罐，獨自回家了。

　　這個故事給我們什麼啟示呢？那就是自信的力量是何其之大，它能讓我們擺脫困難，走出絕境。所以，要想成就事業就必須養成培養自信的好習慣。許多人一遇到困難，就感到絕望，失去信心，結果坐以待斃；而充滿自信的人，則總是相信天無絕人之路，不管遇到多大的困難，他都勇於挑戰，結果則經常是曲徑通幽，柳暗花明，峰迴路轉，雨過天晴。

　　生活中，人們大都喜歡那些善於培養自信習慣的人。因為絕大多數人都知道自己有這樣那樣的弱點，有或重或輕的自卑心理。在面臨困難和險境時，自信的人常常是值得信賴並能給人以希望的。即使他們不能幫助自己解決問題，至少也總是帶給你信心和希望。與自信的人在一起，困難只是生活中一次不同的體驗。

　　古往今來，不知有多少偉人憑著超人的自信心，創造非凡的業績。韓愈應試，名落孫山，但他毫不氣餒，堅信自己文章的水準和自己的能力，再次應試時，面對相同的考題，他把上次寫過的文章一字不變地再次寫出呈上，竟金榜題名。周朝的姜子牙在江邊直鉤垂釣，數十年痴心不改，信心十足，終被周文王重用，給人類留下了千古流傳的佳話。前世界拳擊冠軍喬路易斯（Joe Louis）每戰必勝的祕訣是：參加比賽的前一天，總要在天花板上貼上自己的座右銘——「我能勝」！

　　世界八大船王之一的包玉剛早期曾賃一條破船闖大海，當

第五章　好習慣讓你更自信

年曾引起不少人的嘲弄。但包玉剛並不在乎別人的懷疑和嘲笑，他相信自己一定會成功。為此，他抓住有利時機，正確決策，不斷發展壯大自己的事業，終於成為雄踞「世界船王」寶座的華人巨富。他所創立的「環球航運集團」，在世界各地設有 20 多家分公司，曾擁有 200 多艘載重量超過 2,000 萬噸的商船隊，結束了洋人壟斷國際航運界的歷史。他在困難和挑戰面前所表現出的堅定信念，對我們每個人都是有很大的啟示的。

我們都知道電話是亞歷山大‧格拉漢姆‧貝爾（Alexander Graham Bell）發明的，可是很少有人知道，在貝爾之前，就有人發明了電話，但他沒有努力去宣傳和推廣自己的成果，結果被埋沒掉了。貝爾發明了電話後，起初也不被理睬和相信，但是他信心十足，不斷利用各種機會廣泛宣傳，終於成功推廣電話。

日本有一個年輕人叫神田三郎，他的學習成績很好。一次參加松下電器公司的招聘考試，他在面試時讓「松下」留下了深刻印象。但筆試時，神田三郎卻出人意料地沒有進入錄取線。「松下」叫人複查考試成績，結果發現神田三郎的綜合成績名列第二，因為電腦出了故障，把分數和名次搞錯了，才導致神田三郎落選。「松下」立即發錄用通知給神田三郎，但神田三郎已因招聘落選，不能正確了解自己的能力，感到絕望而跳樓自殺了。

　　眾多事實說明，一個人只要有明確的目標、可行的規劃和堅定的信心，便能克服遇到的挫折和阻礙，從而實現自己的夢想。李‧巴朗茲是機械工程師，他發明一種自動的冰淇淋冷卻器，能夠製作鬆軟可口的冰淇淋。他希望從美國東海岸到西海岸都開設冰淇淋連鎖店，於是擬定計畫並且付諸行動，但當時許多人認為這很難獲得成功，潑他冷水。但巴朗茲不以為然，他堅信自己的目標是能夠實現的，規劃是可行的，沒有不成功的道理。因此，他我行我素，一心一意在開冰淇淋連鎖店上。為了迅速開冰淇淋連鎖店，他採取提供設備及營運企劃，協助別人開冰淇淋店，這種做法在當時是一項創舉。他以成本價出售冰淇淋製造機，然後從冰淇淋成品的銷售額中獲得利潤。於是，在很短的時間內，巴朗茲冰淇淋連鎖店如雨後春筍般在美國各地紛紛開業，巴朗茲也因此成為美國乃至全世界各類加盟店的始祖。為此，他總結經驗說：「如果你對自己、對你正在做的事情及你想要做的事情都深具信心，就沒有克服不了的難題。」他認為，你的未來操縱在自己手中，信心的大小決定你將來成就的大小。

自信的人才能擁有一切

　　有一次，一個士兵騎馬幫拿破崙送信，由於馬匹跑的速度太快，在到達目的地之前猛跌了一跤，那匹馬就此一命嗚呼。拿破崙接到信後，立刻寫封回信，交給那個士兵，吩咐士兵騎自己的馬盡快送去回信。

　　那個士兵看到那匹強壯的駿馬身上裝飾得無比華麗，便對拿破崙說：「不，將軍，我是一個平庸的士兵，實在不配騎這匹華美強壯的駿馬。」

　　拿破崙回答道：「世上沒有一樣東西，是法蘭西士兵所不配享有的。」

　　世界上到處都有像這個法國士兵一樣的人！他們以為自己的地位太低微，別人的種種幸福，是不屬於他們的，認為他們是不配享有的，以為他們是不能與那些偉大人物相提並論的。這種自卑自賤的觀念，往往成為不求上進、自甘墮落的主要原因。

　　有許多人這樣想：世界上最好的東西，不是他們這一輩子所應享有的。他們認為，生活上的一切快樂，都是留給一些命運的寵兒享受的。有了這種卑賤的心理，當然就不會有出人頭地的觀念。許多年輕男女，本來可以做大事、立大業，但實際上卻做著小事，過著平庸的生活，原因就在於他們自暴自棄，他們不懷有遠大的希望，不具有堅定的自信。

當我們把目光從自卑的人身上轉到那些自信的人身上時，便會發現：上帝並不是對他們寵愛有加，額外照顧，讓他們全都完美無瑕，相反，他們身上的種種缺陷也可怕得很。拿破崙的矮小，林肯的醜陋，羅斯福的癱瘓，邱吉爾的臃腫，哪一條不比「皮膚黑一點」、「耳朵小一點」更令人痛不欲生？可是他們卻擁有輝煌的一生！如果說他們都是偉人，我們凡人只能仰視，就讓我們再來看一下周圍的同事、朋友。你可以毫不費力地就在那些人身上找出種種缺陷，可是你看他們照樣活得坦然自在。自信使他們眉頭舒展，腰背挺直，甚至連皮膚都熠熠生輝！

有人說，自信的人最可愛，此話頗有道理。一個自信的男人，會使女人獲得安全感；一個自信的女人，會使男人感到溫暖安詳。而自卑的人，不由自主地會在別人面前，甚至是自己喜歡的人面前表現出一種不自在，他總想著別人會怎麼看自己。這種不自在會微妙地影響著與他人的關係，使雙方經常「誤讀」對方的資訊，造成隔閡與衝突。而自信的人，與人交往時坦誠自然，能更多地流露出自己的本色，更有效地與人溝通和交流，也就更容易建立起健康的人際關係，為自己贏得友誼和愛情，贏得成功的事業，發達的前途。

據說拿破崙親自率軍隊作戰時，同樣一支軍隊的戰鬥力便會增強一倍。原來，軍隊的戰鬥力在很大程度上來自於兵士們對於統帥的敬仰和信心。如果統帥抱著懷疑、猶豫的態度，全

軍便會混亂。拿破崙的自信與堅強，讓他所統率的每個士兵都增加了戰鬥力。

有人說，一個人的成就，絕不會超出他自信所能達到的高度。如果拿破崙在率領軍隊越過阿爾卑斯山的時候，只是坐著說：「這件事太困難了。」無疑，拿破崙的軍隊永遠不會越過那座高山。所以，無論做什麼事，堅定不移的自信力，都是達到成功所必需的和最重要的因素。

如果有堅強的自信心，往往能讓平凡的人，做出驚人的事業來。而膽怯和意志不堅定的人，即便有出眾的才幹、優良的天賦、高尚的性格，也難成就偉大的事業。堅強的自信，是通向成功的階梯。不論才幹大小，天資高低，成功都取決於堅定的自信力。相信能做成的事，大都能夠成功。反之，不相信能做成的事，那就決不會成功。

與金錢、勢力、出身、親友相比，自信是更有力量的東西，是人們從事任何事最可靠的資本。自信能排除各種障礙、克服各種困難，能使事業獲得圓滿的成功。

全國各地每天都有不少年輕人從事新的工作，他們都「希望」能登上最高階層，享受隨之而來的成功的喜悅。但是他們絕大多數人都不具備必需的信心與決心，因此他們無法達到頂點。也因為他們相信自己達不到，以至於找不到登上頂峰的途徑，他們的作為也一直只停留在一般人的水準。

　　但是還有少部分人真的相信他們總有一天會成功，他們以「我就要登上巔峰」（這並不是不可能的）的積極態度來進行各項工作。這批年輕人仔細研究高級經理人員的各種作為，學習那些成功者分析問題和做出決定的方式，並且留意他們如何應付進退。最後，他們終於憑著堅強的信心達到了目標。

　　信心是成功的祕訣。拿破崙曾經說過：「我成功，是因為我志在成功。」如果沒有這個目標，拿破崙必定沒有毅然的決心與信心，當然成功也就會與他無緣。

　　在每一個成功的領導者背後，都有一股巨大的力量——信心，支持和推動他們不斷向自己的目標邁進。所以，拿破崙·希爾非常肯定地說：信心是生命和力量，信心是奇蹟，信心是創立事業之本。

自信的習慣造就奇蹟

　　具備自信習慣的人，總是充滿著極大的熱情和力量。換句話說，處於信心庇護下的人能從許多擔憂和焦慮中解放出來。他有行動的自由，他的能力也可以自由發揮，而這兩種自由對取得巨大的成就是必不可少的。對於成就大業來說，自由是必不可少的。一個人的思想受到擔憂、焦慮、恐懼或無把握感的束縛和妨礙時，他的大腦就不能有效地指揮自己去完成工作。同樣，當他的身體受到束縛時，他的身體機能也不可能最有效

第五章　好習慣讓你更自信

率地開展工作。對絕佳的腦力工作而言，思想的自由是絕對不可少的。不確定感和懷疑心態是集中心志的兩大敵人，而集中心志是一切成就的祕密之所在。

自信心是一塊偉大的奠基石。在人們做出努力的所有方面，自信的習慣能造就奇蹟。

誰能估計人們取得偉大成就過程中信心的巨大作用力，誰又能估計那種有助於消除障礙、有助於克服各種艱巨困難的信心的巨大作用力。

在《聖經》中，「你的成功取決於你的信心」這一觀念一再得到重申。

大家知道，正是自信的習慣讓人們的力量倍增，更讓人們的才能增加數倍；而如果沒有信心，你將一事無成。即使是一個強有力的人，一旦他對自己或對自己的才能失去信心，那他就會被迅速地剝奪一切力量，變得不堪一擊。

自信的習慣讓你堅信自己終會成功。信心能開啟守衛生命真正源泉的大門，正是借助於信心，你才能發掘偉大的內在力量。

你的人生是輝煌還是平庸，是偉大還是渺小，與你信心的遠見和力量成正比。

許多人不「相信」他們的信心，因為他們不知道信心為何物。他們把信心混同於幻想或想像。信心是一種精神或心理能

力,這種東西不能被猜測、想像或懷疑,但能被感知;信心能洞悉全部人生之路,而其他的心理能力則只看到眼前,不能深謀遠慮。

自信的習慣能提升一個人,對人們的理想也有十分重大的影響。自信心能讓我們站得高,看得遠,能讓我們站在高山之巔,眺望遠方看到充滿希望的大地。信心是「真理和智慧之光」。

告訴一個小孩說,他將一事無成,他是一個無足輕重的人,他不能取得其他人取得的那種成就,透過這樣做去毀掉一個小孩的自信心,幾乎就是一種犯罪。

父母和老師們很少意識到,那些幼小的心靈是多麼的敏感,極易受到任何暗示或意指他們無能的話語的影響。

與其他任何事情相比,暗示人的無能所導致的個人痛苦和個人悲劇,以及引起的個人失敗要多得多。

即使是最好的賽馬,如果信心受到破壞,那牠也不會贏得獎項。信心也是訓練員十分注意讓賽馬保持的東西,因為賽馬對自己能贏得勝利的信心,是牠最後能勝出的一個十分重要的因素。

自信心能讓人力量倍增,讓你能充分施展自己的才華。信心是一切時代最偉大的奇蹟製造者。凡是能增強你自信心的東西都能增強你的力量。

第五章　好習慣讓你更自信

　　世界上成就斐然者的顯著特徵是，他們對自己充滿極大的信心，他們相信自己的力量，他們對人類的未來充滿信心。而那些沒有做出多少成績的人其顯著特徵則是缺乏信心，正是這種信心的喪失讓他們卑微怯懦、唯唯諾諾。

　　堅定地相信自己，絕不容許任何東西動搖自己有朝一日必定會在事業上取得成功的信念，這是所有取得偉大成就的人士的基本認知。絕大多數極大地推進了人類文明進程的人開始時都落魄潦倒，並經歷多年的黑暗歲月，在這些落魄潦倒的黑暗歲月裡，他們看不到事業有成的任何希望。但是他們毫不氣餒，繼續兢兢業業地刻苦努力，相信終有一天會柳暗花明，事業有成。想想這種充滿希望和信心的心態對世界上那些偉大的創造者的作用吧！在光明時刻到來之前，他們當中有多少人在枯燥無味的追求中煎熬了多少年呀！要不是他們的信心、希望和鍥而不捨的努力，這種光明的時刻、這種事業有成的時刻也許永遠不會到來。

　　信心也需要你在不屈不撓的奮鬥中慢慢培養出來。

　　信心是天才的最佳替代物。事實上，信心與天才是近親，信心與天才常攜手。

　　信心是每一項成就的偉大領航者。信心幫你指明了通向成功、走向輝煌的道路。信心是知曉一切的能力或本能，因為它看到了人們身上的發展前途。在敦促我們成就大業方面，信心絕不

會有絲毫猶豫，因為信心看到了你身上那種能成就大業的潛能。

信心，有時候又讓人感到難以捉摸。這種讓人忠於職守，讓人在極其艱難困苦、令人心碎的形勢下仍然鼓起勇氣和懷有希望的信心到底是什麼呢？這種讓人能堅毅地甚至心甘情感地忍受各種痛苦和貧窮的折磨的信心又是什麼呢？這種讓人在即使一文不名之後、即使在他的家人和他最心愛的人誤解他或不信任他的時候，也能堅持住並恢復他人對他的信任的信心又是什麼呢？這種讓人堅持和振作因而能忍受一切磨難的信心又是什麼呢？要是沒有這種信心，這些磨難可能足以讓他死一百次。世人總是對那些明顯已喪失一切，卻仍然對他們全身心投入的事業抱有信心的英雄們驚訝不已。

信心能促使你去行動。信心是一個導遊，它幫我們開啟緊閉的大門，它能讓我們看到障礙背後的光明前景，它幫我們指點迷津，而那些精神能力稍差些的人是看不到這條光明大道的。

那些對將來絲毫沒有恐懼之心的年輕人往往都是深信自己能力的人。自信不僅僅只是困難的剋星，自信還是貧苦人的朋友，也是貧苦人最好的資本。無資本但有巨大自信心的人往往能鬼斧神工般地創造奇蹟，而光有資本卻無信心的人則常常招致失敗。

缺乏信心的人，他的努力程度總是有限，甚至在快達到成功時又放棄了，這不能不說是人生的一大損失。

平庸與自信的人無緣

　　耗費整整一生的時間來研究人類所隱藏的潛在能力之後，偉大的心理學家阿爾弗雷德‧阿德勒說：「人類最奇妙的特性之一就是『把負變為正的力量』。」

　　許多科學家在試驗中發現：人的能力在一般情況下，只發揮了很少一部分，而在受到充分激勵的條件下，有可能全部發揮出來。但不是每個人都能意識到，自己的能力簡直就是一個處於潛伏期的活火山，一旦有足夠的信念誘使其噴發，必將勢不可擋。

　　紐約某商人偶然遇到一位窮困的鉛筆業務員。這位商人很同情鉛筆業務員，便給他 1 元美金後就走開了。沒走幾步，這位商人覺得這麼丟下 1 元美金有點不妥，連忙又返回並從業務員那裡取走幾支鉛筆，然後說：「你跟我都是商人。你有東西要賣，而且上面有標價。」意思是告訴鉛筆業務員，剛才自己忘記取筆了，希望不要介意。

　　幾個月後，在一個社交場合上，這位紐約商人見到了一位經銷商。經銷商自我介紹說：「你可能已經忘記了我，我也不知道你的名字，但我永遠忘不了你，你就是那個重新給我自尊的人。我一直覺得自己是個推銷鉛筆的乞丐，直到你跑來並告訴我，我是一個商人為止。」

　　為什麼紐約商人的一句話，就使鉛筆業務員樹立了自信心呢？原來，紐約商人讓鉛筆業務員意識到自己的自尊和價值。

自尊能最大限度地調動自己的積極性和創造性，是充分發揮自己潛力所必需的條件。自尊帶給自己的是責任感、自信心和力量。

心理學的研究結果告訴我們，信任與期待的情感，可以讓人產生一種「特殊效應」，給人一種自尊的暗示。這是一股無形的力量，促使我們不斷努力，爭取成功。

1968 年，著名心理學家羅勃‧羅森塔爾選擇了一所小學，提供該校師生一份「具有優異發展可能」的學生名單，而且故意要求學校對此「保密」。其實這份名單是隨意擬定的。可是這份特殊名單，讓該校教師不自覺地提高了對這些學生「成功」的希望值。幾個月後，奇蹟出現了，被列入名單的學生成績都有了顯著提高。人們把這種「醜小鴨」變「天鵝」所產生的效應叫「羅森塔爾效應」，這就是「自尊無價」的奧祕所在。

卡內基沒有受過什麼教育，年輕時只能做一些鍋爐工、記帳員、電報業務辦事員等最低層的工作。除了機敏和勤奮，卡內基一無所有，但卡內基具有強烈的成功欲望，他在少年時代就立下誓言：賺錢成為大富豪。在當時美國動盪及戰亂年代，他的夢想被人恥笑，說他是可笑的野心家。但他就在這種強烈的成功欲望和堅定的自信心激勵下，最終登上了美國「鋼鐵人王」的寶座。

第五章　好習慣讓你更自信

　　歷史和現實都可以證明，信心與欲望的力量可以將人從卑下的社會底層提升到上層社會，讓窮漢變成富翁，讓失敗者重整旗鼓，讓殘疾人享有健康……自信的力量就在於人可以在強烈的欲望衝動下，把那些不可能的事變成可能，把「自己不行」的卑微感徹底拋開，昂首闊步地走向成功；而且自信心越強，成功的可能性越大，離成功的目標也就越近。

　　日本著名的行銷大師原一平在陳述自己的成功經驗時說得最多的兩個字就是「自信」。他認為一個人的成功離不開自信，自信是事業成功的催化劑，它常常把你引向成功的道路。正是在這種信念的支持下，原一平堅信越是不可能的事越要努力，越是不投保者越要試圖去說服，這既是他的性格，也是他的一貫做法。

　　對於青少年朋友來說，自信心可以讓他們表現出一種敢想敢為的創新精神。我怎麼想就怎麼做，失敗了也不認輸，相信自己總有成功之日。有了這種精神，何愁不成功？某些青少年朋友本來已經在成功之門前徘徊，但由於缺乏自信，沒有勇氣叩開成功之門，結果半步之差不得入門，鑄成千古憾事。為此，我們要吸取科學家弗里德里希·威廉·施特拉斯曼（Friedrich Wilhelm Straßmann）的教訓。

　　1936 年，施特拉斯曼用中子撞擊鈾時，按理說已經發現了鈾核分裂現象。但由於他對此缺乏信心，沒有勇氣承認這一新發

現，結果將這本來應該屬於他的成就，扔進了廢紙簍裡。後來，當別的科學家用他的方法發現核分裂時，施特拉斯曼後悔莫及。

自信本質上是一種自我挑戰，自我競爭。就此而言，充滿自信的人總認為自己尚有潛力可挖掘，而且會想方設法把自己的潛力盡可能地開發出來。正如美國心理學家馬斯洛所說：「實際上，我們絕大多數人都有可能比現實中的自己更偉大。」而有些人則更乾脆地說：「自信成功的人，其實已經成功了一半。」

自信是消除自卑心理的一劑良藥。自卑者常常考慮萬一失敗怎麼辦？豈不知失敗總是難免的，問題不在於遭受失敗，而在於如何面對失敗，在於怎樣反敗為勝。我們在工作中，每天都有可能會遇到困難，此時要暗自給自己鼓勵，說：「我一定會成大事的。」然後再精神百倍地投入到克服難關中，而不能首先就想到失敗，想到失敗後的尷尬。《紐約時報》特約撰稿人肖思·格瑞 20 歲出頭就開始當業務員，每天走訪許多戶人家。在敲門之前，他總是一遍又一遍地對自己說：「你一定會說服他的。」而魔術大師花華·梭士末則在他的化裝室裡跳上跳下，一次又一次地大聲喊道：「我愛我的觀眾。」這樣的叫喊總能使得他渾身的血液沸騰起來，然後他就信心百倍地走上舞臺，為觀眾們做充滿活力和朝氣的神奇表演。世界拳王里迪克·鮑（Riddick Bowe）在拳王衛冕戰鳴金前，揚言要在六個回合之內擊倒挑戰者多克斯。雖然說這是運動員賽前慣用的心理戰，

但也反映出里迪克‧鮑對自身功夫充滿自信。兩強相遇能者勝。誰有自信心，誰就更有希望成功；誰要是自卑，誰就會與成功無緣。我們在邁向成功時要相信自己的毅力和能力，要相信自己能克服困難，奪取成功。沒有這點自信，前怕狼後怕虎，做什麼事都畏首畏尾，猶猶豫豫，註定是什麼事也辦不成的。

自信的人才能邁向成功

1968 年，在墨西哥奧運會的百米賽道上，美國選手吉‧海恩斯（Jim Hines）衝斷紅線後，指示燈立刻打出 9.95 秒的字樣，全場轟動，海恩斯也攤開雙手自言自語地說了一句話。這一情景透過電視向全世界轉播，可是由於當時他身邊沒有話筒，誰也不知道他到底說了什麼。

1984 年，洛杉磯奧運會前夕，一個叫大衛‧帕爾的記者在重播墨西哥奧運會的資料片時，再次看到海恩斯的鏡頭，他想，這是人類第一次在 100 公尺賽道上突破 10 秒大關，海恩斯在看到紀錄的那一瞬，一定說了一句不同凡響的話。這一新聞點，竟被上千名記者給漏掉了，實在是一大遺憾。於是他決定去採訪海恩斯，問他到底說了什麼話。

當記者提起 16 年前的事時，海恩斯想了想笑著說：「我說：『上帝啊，那扇門原來虛掩著！』」謎底揭開後，海恩斯又繼續說：「自歐文斯 1936 年創下 10.03 秒的 100 公尺賽紀錄後，醫

學界的權威們斷言，人類的肌肉纖維所承載的運動極限不會超過每秒 10 米。大家相信這一說法，但我想，即使無法突破 10 秒，我也應該跑出 10.01 秒的成績。於是，我每天都以自己最快的速度跑 50 公里。當我在墨西哥奧運會上看到自己 9.95 秒的紀錄後，我驚呆了，原來 10 秒的這個門不是緊鎖著的，它是虛掩著的。」

這個世界上有無數的門都是虛掩著的，尤其是成功之門。但要推開這虛掩著的門，卻並非那麼輕而易舉的，不是誰都能推開。

要推開虛掩之門，首先要有勇氣，要敢想敢做，敢冒風險，打破常規，像馬克思說的那樣，這裡拒絕一切猶豫和膽怯。許多成功之門之所以對我們緊閉著，其實並不是推不開，實際上，我們可能連想都沒想過要推，更別說試一試。譬如，「物體下落速度與物體重量成正比」——上千年來，人們都對古希臘亞里斯多德的這條定律深信不疑，可伽利略就勇於提出懷疑，並進行了著名的比薩斜塔實驗，於是，勇氣和膽識幫助他輕輕地推開了成功之門。反之，被困難嚇倒的人，不敢衝擊禁區的人，墨守成規的人，畏首畏尾的人——總之一句話，就是缺乏自信的人，是永遠無法推開成功之門的。

從一個演員到總統，這肯定不是一件容易的事情，甚至是絕大多數人不會去想更不會去嘗試、去努力的事情，但是，羅

納德‧根卻在他還是一個很普通的演員時，就立志要當一名總統，並且相信自己一定可以成為總統。當機會到來時，共和黨內的保守派和一些富豪們竭力鼓勵他競選加州州長時，雷根毅然決定放棄大半輩子賴以生存的演員職業，堅決地投入到從政生涯中。結果大家都清楚，雷根成為了美國第39任總統。

世界著名交響樂指揮家小澤征爾在一次歐洲指揮大賽的決賽中，依照評委會給他的樂譜指揮演奏時，發現有不和諧的地方。他認為是樂隊演奏錯了，就停下來重新演奏，但仍不如意。這時，在場的作曲家和評委會的權威人士都鄭重地說明樂譜沒有問題，而是小澤征爾的錯覺。面對著一批音樂大師和權威人士，他思考再三，突然大吼一聲：「不，肯定是樂譜錯了！」話音剛落，評判臺上立刻報以熱烈的掌聲。

原來，這是評委們精心設計的圈套，以此來檢驗指揮家們在發現樂譜錯誤並遭到權威人士「否定」的情況下，能否堅持自己的正確判斷。前兩位參賽者雖然也發現了問題，但終因屈服權威而遭淘汰。小澤征爾則不然，因此，他在這次指揮家大賽中摘取了桂冠。想想看，要是換了別人，敢如此自信地指出是樂譜錯了嗎？

自信心是一個人做事情與活下去的支撐力量，沒有了這種信心，就等於自己給自己判了死刑。

我們往往把成功看得那樣神祕，那樣遙遠，那樣高不可

攀，其實，正如海恩斯所發現的，成功的大門只是虛掩著，根本沒有對我們關閉，只要我們輕輕一推，就可以打開。可惜的是，大多數人沒有發現這一點，他們總是徘徊在大門外，沒有信心、沒有勇氣去推開那扇成功的大門。

找回屬於自己的自信心

世上事業之所以會失敗，大多數並不是由於物質上的損失，而是因為沒有自信心的緣故。

只有勇於負起責任的人，才能成功；只有說什麼做什麼、相信自己一定能夠得到的人，才能達到目的。要負責做一件事，首先必須要有堅定的自信力，始終相信自己能夠做成任何要做的事。

有許多人，一旦稍受挫折，便心灰意冷，提不起精神，他們以為自己的運氣正在與他作對，再掙扎也沒有用。

只要你常常留心，就可以看見不少成功的人都曾經失敗過，甚至於破過產，但因他有勇氣、有決心，始終沒有跌倒，仍更加努力地工作著，希望恢復過來。

誰也無法保證自己在任何時候都能信心十足。無論遭遇怎樣的挫折，也不要意志消沉。一個人如果老是拿不定主意，畏畏縮縮地做事，無異是攔住了自己的前途，這好像浮在水面的死魚，任憑水流東漂西蕩一般。而一條活魚，則能夠逆流急上。

第五章　好習慣讓你更自信

　　除了人格之外，人生最大的損失莫過於失掉自信心。當一個人失去自信心時，一切事情都將不會再有成功的希望，正如一個沒有背脊骨的人，永遠挺不起腰站直一般。

　　有勇氣、有決心的人，沒有什麼障礙能夠阻擋得住他。班揚雖被關在監牢裡，但他能夠利用那紙卷的牛奶瓶塞寫出《天路歷程》一書。米爾頓的眼睛被挖，還能寫成《失樂園》這部名著派克門也靠著他一往直前的堅韌之心，寫成《卡里夫尼亞和奧裡更的浪跡》，英國郵政總局局長夫奧西特之所以能獲得今日的地位，也無非是由於他有堅韌的毅力。像這一類的前例，不知有多少，他們的成功都是本著堅韌換來的。

　　一個人的能力，好像水蒸氣一般，不受任何拘束，沒有限制，誰都無法把它裝進固定的瓶子裡；要把這種能力充分發展出來，非有堅決的自信力不可。

　　正如演戲一樣，一個人可以調整他自己的品格和態度，讓自己扮演各式各樣的角色。假如你有意要成為一個成功的演員，就非把你的態度和樣貌處處演成成功者的樣子不可。

　　一個有眼力的人，能夠從過路人中識別出成功者來。因為一個成功者，他走路的姿勢，他的舉止，無不顯出充分自信的樣子，從他的氣勢上，可以看出他是能夠自己做主，有自信和決心完成任何工作的人。一個能自主，有自信和決心的人，絕對擁有成功的資本。

衣服與氣勢也可以看出失敗者，因為他那怯懦拖拉的性格也透過他的舉動充分顯示了出來。

一個成功者處理任何事時都是乾淨俐索，立竿見影。他全身都充滿了魄力，讓他不必依靠他人，就能獨立自主。那些毫無成就的人既無自信力，本身的能力又空虛異常，他的姿態總是一幅日暮途窮的樣子，從他的談吐和工作上處處表示他已無能為力了。

自信心對於事業簡直是一種奇蹟，有了它，你的才幹就可以取之不盡，用之不竭。一個沒有自信心的人，無論有多大本領，也不能抓住任何機會。遇到重要關頭，他總是不肯把所有的本領都表現出來，因此明明可以成功的事，往往弄得慘不忍睹。

一個商人在生意興隆、一帆風順的時候，固然很容易喜形於色，春風滿面。但在生意不順利、市場不景氣、入不敷出時，一切艱難困苦都向你襲來，這時如果你仍能鼓起勇氣，從不煩惱，待人和氣，才算得上是難能可貴。當你的經營瀕臨危機，多年來辛苦積攢的資產漸將消失殆盡時，在家庭裡你還是應該保持心情平穩，不要露出氣餒的樣子。

沉著冷靜，永不氣餒，這是每一個人所應養成的品格。任何商人都應永遠保持　副親切和藹的笑容、一種希望無窮的氣魄、一個必能戰勝任何突然襲來的逆浪的自信力和決心。他應

該不急躁、不懊惱，不輕易發怒，更不應該遇事遲疑不決。這些良好的品性，往往比他焦心積慮更易解決許多困難。

事業好像一棵嫩芽，要它成功，非用陽光去照射不可。

自信能讓你鼓足勇氣，無論做什麼事情，你都應向成功方向著想，不可以整天雙眉緊皺地去想死氣沉沉的失敗。

一個光明磊落、充滿生氣、滿面春風的人，到處都受人歡迎；一個老是怨聲嘆氣，專想失敗的人，誰都不願跟他來往。世上唯有那些滿懷希望、愉快活潑的人，才能繼續不斷地發展自己的事業。對那些滿面愁容、無精打采的人，我們總是盼望能早些避開。

一個有勝利決心的人，他的行為談吐無不顯得十分堅定而有自信。他意志堅強，覺得自己有戰勝一切的把握。世人最受人信任、令人欽佩的就是這種人。

噴泉的高度是無法超過它的源頭的，一個人做事也是一樣，他的成就絕不會超過自己所相信的程度。

如果你已經有了適當的發展基礎，而且你知道自己的力量確能愉快地勝任，就應該立刻打定主意，不要再發生絲毫動搖。即使你遭遇一些困難和阻力，也千萬不要想到後退。

成就事業的過程中，荊棘有時比玫瑰花的刺還要多。它們擋在你面前，正是你試試自己究竟意志是否堅定、力量是否雄厚的機會，任何障礙，只要你不氣餒、不灰心，終究有法子可

以排除。只要兩眼緊盯目標，堅決認為自己一定有自信力，一定有成就事業的能力，那說明你在精神上已經到了成功的地步。你實際的事業一定也會跟著成功無疑。

你要排除一切旁人的意見，打消一切莫須有的空想，遇事立刻做出判斷，時時顯現任何事都有把握的態度，切勿氣餒，你所下的決心，必須堅定如山，不可再動搖。

世上真不知有多少失敗者，只因沒有堅強的自信力，他們所接近的也無非是些心神不定、猶豫怯懦之輩，他們三心二意，永無決定事情的能力。他們自身明明有著一種成功的要素，卻被自己活生生地推了出去。

無論你貧窮到什麼地步，千萬不要失去最可貴的自信力！你昂起的頭，切勿被窮苦壓下去；你堅決的心，切勿被惡劣的環境所屈服。你要做環境的主人，而不是環境的奴隸。你要時時刻刻改善你的境遇，分分秒秒向著目標邁進。當你形成一種堅強有力的個性時，成功已悄悄地來到了你的身邊。

第五章　好習慣讓你更自信

第六章
好習慣助你贏得好人緣

　　人緣，是個人與眾人的關係。無論你從事何種職業，身處何地，都免不了要跟各種各樣、形形色色的人打交道，與他們溝通，與他們共事。好人緣可以創造機遇給你，好人緣可以延伸你的能力，好人緣更是你用之不盡的資源財富。人緣就像是一種回應，你播種什麼就會收穫什麼，你給予什麼就會得到什麼。只有具有好習慣的人，才懂得應該如何去播種、去給予、同時更應懂得如何去收穫。因此，要想贏得好人緣，就要先養成好習慣。

朋友多了路好走

　　仔細研究那些事業有成的人，就會發現他們有一個共同之處——擁有廣泛交友的習慣和廣泛的人際關係。廣泛的人際關係、良好的人緣就是一個龐大的資訊網，而織成這個資訊網的原料就是廣交朋友的習慣。

　　美國前總統柯林頓能夠成功地贏得競選。與他擁有廣泛的人際關係分不開。

　　在競選的過程中，柯林頓那些擁有高知名度的朋友們扮演著舉足輕重的角色。這些朋友包括他小時在熱泉城的玩伴、年輕時在喬治城大學與耶魯大學法學院的同學，及日後當羅德學者時的舊識等。

　　他們為了柯林頓能夠成功，四處奔走，全力以赴地支持他。所以柯林頓就任總統後，還不無感慨地說，朋友是他生活中最大的安慰。

　　單槍匹馬難以擊退敵人，個人的能力也總是有限的，而朋友可以不斷地給你提供各種資源和各種機會。

　　人們都說多一個朋友多一條路，朋友是交往中的黏合劑，是和諧的墊腳石，是事業上的助推力。

　　要想培養廣交朋友的習慣就要先主動出擊，而不是靠別人上門來和你做朋友。雖然透過工作關係或者朋友介紹的方式也能認識很多人，但是所交的朋友很有限，而且不太容易交到不

同行業以及不同層次的朋友。

最好的方法是積極參加社會團體活動，各式各樣的人物彼此碰面的次數很多。社會團體中有層次也相當接近，儘管行業不同，但卻很容易成為朋友。

一個人的一生中，階段性的朋友很多，生死之交的朋友很少。正如道路一樣，有的路你走一遍就不走了；有的路你走著走著，發現它把你朝懸崖邊或危險的途徑引領，於是，你就離開它，另覓新的路；有的路雖然充滿坎坷和泥濘，也沒有花草點綴，但你喜歡與這種沒有遮掩的路親密接觸，因為它能讓你留下清晰的腳印；有的路儘管曲曲折折，且把你牽向險象環生的大山深處，你也樂意隨它經歷風險，因為你終會看到別人看不到的風景；有的路你越走越愛走，越走越寬闊，最終變成你人生路最重要的組成部分。同樣的路，會被不同的人走出異樣的軌跡，但這與腳的大小無關，和行路人的胸懷和眼光有很大關係。

培養廣交朋友的習慣，必須有一定的「彈性」原則。所謂「彈性」，就是不要有太多的要求和刻板的規矩。很多人抱持著這樣一種態度：看不順眼的不交，穿衣服不講究的不交，牙齒不好看的不交，話不投機的不交，有過不愉快的不交……其實，你應該時刻告訴自己：

1. **沒有不能交的朋友**：看不順眼、話不投機、牙齒不好的人並不一定是壞人，你不喜歡他們只能說明你是傲慢的，對他們

存在著偏見。大海之所以大，就在於它能容納百川，何不敞開心胸，把你認為不能交的朋友都納入你的交友圈呢？

2. **冤家宜解不宜結**：多一個朋友總比多一個敵人好得多，打破僵局，化解仇恨並不是什麼難事。

3. **不是仇人就是朋友**：有些人堅守著一個原則：不是朋友就是仇人，這樣只會不斷增加仇人的數量，最後孤立自己。如果認為不是仇人就是朋友，那麼，朋友會越來越多，敵人會越來越少。

4. **放下身分**：身分是交朋友的一大阻礙，也是樹敵的一個原因，千萬不要以為自己高人一等，而不去理會身分、地位比你卑微的人。

只有認識到朋友的重要性，才會培養廣交朋友的習慣。彈性交友定能多交朋友，輕鬆走路，順利處事！

朋友也需分類建檔

即使你有廣交朋友的習慣，但朋友背景、性格、能力各不相同，辦事時你不一定能「信手拈來」，這就需要你養成把朋友分類的習慣，才不至於到了真正需要的時候手忙腳亂，甚至一個朋友都找不到。

朋友也有種類之分，有建立在友誼基礎之上的，以德交者，則德隆望重；以情交者，則情真意切；以志交者，則志同

道合；以義交者，則義無反顧。還有一類則以互惠互利為原則，以權交者，失權則絕交；以利交者，利令智錯；以色交者，色衰則情無；以財交者，財盡則交絕。

朋友也有等級之分，並不是所有的朋友都是同樣輕重。有的是能夠深入你心靈成為至交的知己；有的只是與你保持一定聯繫，似有若無的泛泛之交；有的則只有點頭之交。

更多的時候，我們無法一下子就判斷能否和一個人交往長久，有多密切。但是，你可以保持「有容乃大」的心態，把那些投緣的也好，不投緣的也罷，都歸入你的好友檔案。凡是上過網聊天的人都知道，好友列表裡有「好友」、「不熟悉的人」和「黑名單」之分，後來還有一個「好友分組」之類的群組。網路社群中的交友尚且知道把遇到的人分類，看來這對於我們紛繁複雜的現實生活也很有必要。

所以，從現在就開始培養給朋友分類的習慣吧！

不要忽視你周圍的朋友。你身邊的同事、經常一起上下班的熟人、在某個地方邂逅而投緣的人、同鄉、鄰居，這些人和你的生活連繫最為緊密，不妨對他們的專長做一番了解。如果他們的工作、住處和電話發生變動的時候，一定要及時修正，至少保證能夠有一條穩定的管道可以找到他們。

整理你收集的名片。許多應酬場合，人們都會交換彼此的名片，其實和這些人根本就談不上什麼交情，但是你千萬不要隨便地把這些名片扔掉。從現在開始，把它們收入你的名

片簿，最好在名片上記下對方的特殊之處，包括外表的、性格的、職業的等，因為說不定哪一天這個人就會成為你的貴人、合夥人、客戶……總之，現在各個行業的聯繫越來越緊密，有時即便是雞鳴狗盜之徒也可能在關鍵時刻發揮最重要的作用。

養成給朋友分類的習慣，你可以更清楚哪些人值得在哪方面深交，還能在需要幫助的時候「信手拈來」，不至於「友到用時方恨少」。每個人都可能對你有幫助！每個人都是不可輕易放棄的。

拉近雙方的距離

「我們」這個詞可以製造彼此間的共同意識，拉近雙方的距離，對促進人際關係將會有很大的幫助。

曾經有過一位心理學家做了一項有名的實驗，就是選編了三個小團體，並且分派三人飾演專制型、放任型、民主型的三位領導者，然後對這三個團體進行意識調查。

結果，民主型領導者所帶領的這個團體，表現了最強烈的同伴意識。而其中最有趣的，就是這個團體中的成員大都使用「我們」一詞來說話。

經常聽演講的人，大概都有過這樣的經驗，就是演講者說「我們是否應該這樣」比「我這麼想」更能使你覺得對方的距離接近。

因為「我們」這個字眼，也就是要表現「你也參與其中」的意思。所以會令對方心中產生一種參與意識，按照心理學的說法，這種情形是「捲入效果」。

小孩子在玩耍時，經常會說「這是我的東西」或「我要你這樣做」，這種說法是因為小孩子的自我意識直接表現所造成的。

但有時在成人世界中，也會出現如此說法，而這種人不僅無法令對方有好印象，可能在人際關係方面也會受阻，甚至在自己所屬的團體中，形成被孤立的局面。

人心是很微妙的，同樣是與人交談，但有的說話方式會令對方反感，而有的說話方式卻會令對方不由自主地產生妥協之心。

「我」在英文裡是最中的字母，千萬別把它變成你語彙中最大的字。正如亨利·福特二世（Henry Ford II）描述令人厭煩的行為時說的那樣：「一個滿嘴『我』的人，一個獨占『我』字、隨時隨地說『我』的人，是一個不受歡迎的人。」

事實上，我們在聽別人說話時，對方說「我」、「我認為……」帶給我們的感受，將遠不如他採用「我們……」的說法，因為這種說法可以讓人產生團結意識。

因此，會說話的人，在語言傳播中，總會避開「我」字，而用「我們」開頭。

第六章　好習慣助你贏得好人緣

因此，要有良好的人際關係，現在就開始培養自己多說「我們」的說話習慣吧！

1. **少用「我」字，盡量省略主語**

   比如：「我對我們公司的員工做了一次調查統計，（我）發現有四成的員工對公司有不滿情緒，（我認為）這些不滿情緒來自於獎金的分配不公，（我建議）是不是可以……」第一句用了「我」，便讓主語十分明確，那麼後面幾句中的「我」不妨通通省去。如此一來，句子的意思表達絲毫不受影響，卻能讓語句顯得很簡潔，避免了不必要的重複，同時還使得「我」字不至於太過突出。

2. **用平穩和緩的語調，以及自然謙和的表情動作**

   具體而言，提及「我」字時，不要讀成重音，也不要拖長語音；目光不要咄咄逼人，表情不要眉飛色舞；神態不要洋洋得意，語氣也不要過分渲染；要把表達重點放在事件的客觀敘述上，而不要突出做這件事的「我」；更不要使聽者感覺你高人一等，或者你是在吹噓自己。

3. **用「我們」一詞代替「我」**

   以複數的第一人稱代替單數的第一人稱，可以縮短雙方的心理距離，促進彼此的情感交流。

   例如「我建議，今天下午……」可以改成「今天下午，我們……好嗎？」

   這樣說話時應用「我們」開頭的。

養成和不熟悉的人說話的習慣

和不熟悉的人說話的習慣能夠讓你獲得更多的好人緣。「樂莫樂兮新相知」，最快樂的事情莫過於結交新的朋友，而多和不熟悉的人說話是結交新朋友的前提條件。和不熟悉的人交流能為你的人生打開一扇又一扇新的窗戶，讓你看到一個截然不同的世界；和不熟悉的人的接觸能為你的生活、學習和工作帶來新的幫助，給你帶來更多的安全感、友誼和愛。

或許你已經發現，在陌生的社交場合中，90%以上的人都在等待別人主動向自己打招呼，只有極少數人會走到別人面前，一邊伸手一邊自我介紹。這種現象，其實正包含著社交成敗的特殊密碼。

美國總統羅斯福是一個善於和人交往的能手。在早年還沒有被選為總統的時候，有一次參加宴會，他看見席間坐著許多不認識的人。如何讓這些不熟悉的人都成為自己的朋友呢？他稍加思索，便想到了一個好辦法。

羅斯福找到了自己熟悉的記者，從那裡把自己想認識的人的姓名、情況打聽清楚，然後主動走上前去叫出他們的名字，談一些他們感興趣的事。

此舉使羅斯福大獲成功。以後，他運用這個方法為自己後來競選總統贏得了眾多的有力支持者。

懂得怎樣無拘無束地與人結識，是人們必備的一個社會生

存技能。這能使我們擴大自己的朋友圈子，並讓生活變得更豐富。而羅斯福所用的那種主動與不熟悉的人打招呼並保持聯繫的辦法，正是許多大人物都普遍採用的做法。

　　不過，這對一般人來說大概做起來並不容易。在現實生活中，許多人似乎都有一種「社交恐懼症」，其集中表現就是不願意主動向別人伸出友誼之手。其實，大人物與小人物的最主要區別之一，就是大人物認識的人比小人物多得多。而大人物之所以能夠認識更多的人，就是因為他們總是樂於和不熟悉的人交往。如果我們有著和不熟悉的人說話的習慣，能將所接觸的不熟悉的人變成心靈相通的朋友，你就能獲得好人緣，你的人際關係將如魚得水，凡事順心，處處如意，或許命運也會因此而改變。從這點看，做一個大人物並不難，只要你能主動地把手伸給不熟悉的人就可以了。

　　老朋友都是由新朋友發展而來的，新朋友都是從陌生人發展來的。只有當你主動開口和不熟悉的人交流，才能消除素不相識所帶來的隔閡，才能發展成為朋友。訓練自己和不熟悉的人說話的習慣是擴大自己的交際圈和人際關係的保障。

　　美國一位著名記者鮑比・懷特曼指出，害怕不熟悉的人這種心理，我們大家都會產生，例如：在和陌生人聚會時我們想不到有什麼風趣或是言之有物的話可說時，在求職面試中拚命想給人留下好印象時。實際上，無論何時何地，只要我們遇到

了素不相識的人，心裡都會七上八下，不知道該怎樣打開話匣子。懷特曼強調，我們之所以害怕和不熟悉的人交往，更多的是因為我們不確信和不信任，或者是因為彼此不熟悉所帶來的冷漠。但是只有你養成主動熱心地和不熟悉的人說話的習慣，你才能獲得另外一個不同的命運。然而，仔細想想。我們的朋友哪一個不是原來的不熟悉的人呢？正因如此，所以懷特曼又說：「世界上沒有陌生人，只有還未認識的朋友。」假如運氣好的話，和陌生人的偶遇還會發展成為終生不渝的友誼。

因此，我們必須有效克服「社交恐懼症」，這是與不熟悉的人交往的最大障礙。

要想克服「社交恐懼症」，首先要克服的就是自卑感。哲人說：自卑就像受了潮的火柴，再怎麼使勁，也很難點燃。如果一個人總是表現得猶豫，縮手縮腳，別人自然也認為你真的很無能，不願和你交往。自卑不僅會使自己陷於孤獨、膽怯之中，而且會造成心理壓抑。受這種心理的支配，人們就會越來越不敢主動去和陌生人交往，在社會上越來越封閉。克服自卑感的方法有很多，最有效的辦法就是對自己進行「心理暗示」。比如，在和陌生人交往感到恐懼時，你不妨想一想：「我的社交能力雖然還不夠好，但別人開始時也是這樣的；不管做什麼事，開始時都不見得能做好，多做幾次就會更好了，其實大家都是這樣的。」

第六章　好習慣助你贏得好人緣

　　問題的關鍵在於，你必須勇於走出與不熟悉的人交往的第一步。實踐出真知，練習多了，你就會不再感到害怕、膽怯、靦腆、羞澀，這樣就會使自己的社交能力大大提高。

　　其實與陌生人交往的最大障礙，就是自己的「心理障礙」，除此之外別無障礙。只要你回憶一下別人主動與你交談時內心的激動，就會明白認識別人與被人認識都是令人愉快的事情。

　　下面是一些有助於養成跟陌生人說話習慣的方法：

1. 坦誠地說出你的感覺

　　在一次晚宴上，你也許會想：「我參加這樣的聚會太害羞了。」或者正好相反，許多人覺得這樣的聚會沒有意思，但是你卻很喜歡它們。不管怎樣，與第一個看起來想聽講話的人交談，你會發現你的情緒也會敏感地做出反應。在任何情況下，只是淡淡地說「我很害羞」或「我在這裡誰也不認識」之類的話，比死板和不友好地離開要好得多，好朋友總是來自那些富於機智和膽量、以誠相待的人，而且如果我們誠懇地與別人交談，別人就能自在地談出他們的想法。

2. 談論周圍的事物

　　如果你談興正濃，你就看一看周圍有沒有值得記憶的事物。有一次，一個不熟悉的人積極地尋找話題以打破僵局，就對另一個人說：「你對雞尾酒怎麼看？」這就為談話找到了個生動的話題。

3. 談談關於對方的一些事情

一位婦女告訴一個顯然不熟悉的人：「你有一張非常非常可愛的臉。」也許我們多數人沒有那樣的勇敢，但是我們可以這樣說：「從你進來我就看著你，看你走過屋子，我想……」或者「你正讀的書，我也很喜歡」。

4. 提問

許多令人難忘的談話都是從提問開始的。比如這樣問別人：「你工作中的一天是什麼樣的？」通常他們的反應是熱烈的。

5. 傾聽

好的談話的另一半是傾聽，如果沒有它就不可能有真正的談話。但這也是一門藝術。在和你的新朋友談話時，應全神貫注地看著他，做出積極的反應，鼓勵他繼續說下去。此時傾聽就不再是被動的而變成了主動，儼然在探險一樣。好的交談和不愉快的交談相反，僅僅是：相互發現，相互理解。

我們許多人害怕說我們想說的。因為我們看自己和別人看我們是不同的。但正是出於生活中處處存在的不同，我們才交談。當你嘗試著向不熟悉的人伸過手去，並主動介紹自己時，你就會發現這比被動站在那裡要輕鬆、自在多了。一旦這種做法成為習慣，你就會變得更加灑脫自然，朋友越來越多。事業越來越興旺發達。

養成善於傾聽的好習慣

　　如果你想要擁有良好的人際關係，那麼，你首先需要要有一雙善於聆聽的耳朵，學會仔細地聆聽，培養傾聽的習慣。也就是說，你必須抱著虛懷若谷、海納百川的態度聆聽他人的談話。

　　可能你會說：「聽別人說話難道還需要去學？」是的，在現實生活中，有許多人不僅僅是蹩腳的談話者，同時也是拙劣的聽眾。我們都太缺乏耐心去聽別人談話了。。我們常常是心不在焉、神情恍惚，或者是不耐煩地東張西望，或者是機械地擺弄自己的手錶，或者是用指甲無意識時在椅桌上連續地敲擊。

　　總之，我們顯得是如此地百般無聊，彷彿對談話的內容膩煩透頂，恨不得立刻逃之夭夭。而且，在得出最終結論之前，我們或許已經不禮貌地打斷他人的談話了。因此，我們要能聚精會神地聆聽他人的談話並迫切地從中汲取有益的養料，同時給予談話者足夠的尊重。

　　有這樣一個故事，一位女主人決定要測驗客人是否認真聆聽她的談話，她一面請客人吃點心，一面說：「你們一定要嘗一嘗，我加了點砒霜。」所有客人竟都毫不猶豫地吃了下去，還說：「真好吃，一定要把做法告訴我。」

　　我們全都以為別人講話時我們在好好地聽，事實上，我們說話的速度大約是每分鐘 120 到 180 個字，思考的速度卻要快

四、五倍。所以我們的注意力經常分散，常把別人所說的話只聽進去了一半。

聆聽，這種談話的效果要遠遠勝於最時髦的講座，勝於我們從一本書中所能獲得的一切教益。因為在這種面對面的交談中，我們能活生生地感受到一種個性的觸動，一種獨特的魅力，能領略到談話神祕的吸引力和迷人的風采。對於那些渴望著獲得教益的心靈來說，當他們汲取著從那些睿智的嘴唇中源源湧出的知識和營養時，絕對不亞於參加了一次精美的盛宴。

所以，傾聽實在是一門藝術。怎樣培養傾聽的習慣呢？以下是幾點建議：

1. 全心全意傾聽

聽音樂時，輕敲手指或頻頻點腳打拍子，這沒有問題。但聽別人說話時卻不能這樣做，因為這些小動作最損傷別人的自尊心。

要設法撇開令你分心的一切 —— 不要理會牆角裡嗡嗡作響的蒼蠅，忘記你當日要去看牙醫。眼睛要看著對方，點頭不語或打手勢鼓勵對方說下去，藉此表示你在用心傾聽。要是你輕鬆地坐著，全神貫注，不用說話也能清楚地表示你聽得津津有味。

輪到你發言時，別以為你必須一直說下去，要把說話的機會奉還別人。

2. **協助對方說下去**

試著用一些很短的評語或問題來表示你在用心聽，即使你只是簡短地說：「真的？」或「告訴我多一點」。

假如你和一個老朋友吃午飯，他說因為夫妻大吵了一頓，他整個星期都睡不好。要是你像大多數人一樣，怕聽別人私事，你可能說：「婚姻生活總是有苦有樂—— 你吃魚還是五香牛肉？」你這樣說，是間接叫他最好別向人發牢騷。假如你不想澆他一頭冷水，那就不妨說：「難怪你睡不好，夫妻吵鬧一定令你很難受。」他有了舒緩心中抑鬱的機會，心情便會好得多。我們當中很少人能夠自我開解，所以需要把自己的煩惱，告訴善於傾聽的朋友。

3. **要學會聽出言外之意**

一位生意興隆的房地產經紀人認為，他成功的原因在於不但有傾聽顧客講話的習慣，而且還習慣性地去想顧客沒講出來的話。當他講出一棟房子的價格時，顧客說：「哪怕瓊樓玉宇也沒有什麼了不起。」可是說的聲音有點猶豫，笑容也有點勉強，那經紀人便知道顧客心目中想買的房子和他所能買得起的顯然有差距。

「在你決定之前，」經紀人練達地說，「不妨多看幾棟房子。」結果皆大歡喜。那位顧客買到了他能買得起的房子，生意成交。

不幸的是，我們大多數人甚至不知道如何傾聽別人說話。想養成傾聽的習慣，首先要掌握傾聽的藝術。當別人有問題來找我們時，我們常說得太多。我們總是試著提出太多建議，其實大多數的時候別人最需要的也許只是沉默與聆聽，同時把耐心、寬容和愛傳達給對方。

培養有效的溝通習慣

人際溝通，對任何人來說都是十分重要的一門課程。因為宇宙萬物之中，人類的關係最為複雜，而且各地的風土人情不同，又形成不一樣的人際關係。有效的人際溝通能力已成為現代人成功的必要條件。

有人說：一個職業人士的成功，85％靠溝通，15％靠天才和其他能力。曾常聽人抱怨：「我累死累活，為什麼別人就不能理解呢？」還有抱怨：「我埋頭苦幹，忠心耿耿，為什麼老闆不器重我？」更有人歇斯底里大叫：「天啊！這世界怎麼了？為什麼人人都和我作對，為什麼人人都不理解我？」我們細究一下，就會發現，他們缺乏的正是有效溝通的技巧，也正是如此，讓他們事業難成，痛苦不堪。可見，不懂得人際溝通的技巧，沒有有效溝通的習慣是多麼可怕。

人際溝通是人與人的相處，它不僅是思想與意見的交換，更是生活與情感的交流。溝通固然是排除障礙的必要手段，但

它更是廣義的人際往來。因此，我們必須養成有效的溝通習慣。

人際溝通的目的在於讓我們與周圍的人相處得更好，並建立更融洽的人際關係，有效的人際溝通是融洽人際關係的關鍵。

培養有效溝通的習慣就要掌握人際溝通的技巧。

有效的人際溝通，不僅是能正確且真實地辨識對方明顯的意思表達，更要能敏銳地覺察到對方隱的暗示並做出回應。成功的人際關係，在於你能捕捉對方的觀點及看一件事需兼顧自己與對方的不同角度。

人是理性的動物，人與人的相處是門大學問。我們每日所相處的，並不是絕對理性的動物，而是充滿了情緒變化、成見、自負和虛榮的人，因此，言談之間不得不注意說話的技巧。有效溝通的要訣是：多關懷，少干涉；多讚美，少埋怨；多肯定，少批評；多寬容，少苛求；多感恩，少計較。

人際關係的經營則全在於自己的用心，也就是要做到：時時給人關懷，處處為人設想，事事給人方便。「用心」意味著尊重和理解對方最重要、最真實的感受。沒有什麼比自己的內心得不到對方的認知更令人惱怒的事，都會讓人覺得自己在對方心目中無關緊要而失去價值，甚至引發敵意。

如果你還在擔心你想培養溝通的技巧，又不知從何下手，那麼你可以試試下面的幾個方法：

1. **講出來**：尤其是坦白地講出來你內心的感受、感情、痛苦、想法和期望，但絕對不是批評、責備、抱怨、攻擊。

   互相尊重。只有給予對方尊重才有溝通，若對方不尊重你時，你也要適當地請求對方的尊重，否則很難溝通。

2. **不說不該說的話**：如果說了不該說的話，往往要花費極大的代價來彌補，正是所謂的「一言既出，駟馬難追」、「病從口入，禍從口出」，甚至還可能造成無可彌補的終生遺憾！

3. **情緒中不要溝通**：情緒中的溝通常常無好話，既理不清也講不明；尤其在情緒中，很容易衝動而失去理性，這很容易讓事情不可挽回，後悔莫及！

4. **說聲「對不起」**：說「對不起」，不代表我真的犯了什麼天大的錯誤或做了傷天害理的事，而是一種軟化劑。說「對不起」，代表向對方承認錯誤，這句話是溝通的消毒劑，可解凍、改善與轉化溝通的問題。

5. **等待轉機**：如果沒有轉機，就要等待；當然，不要空等待，成果不會從天上掉下來，還是要你自己去努力；努力並不一定會有結果，或捨本逐末；但若不努力，你將什麼都沒有。

6. **耐心**：等待唯一不可少的是耐心，有志者事竟成。

   從現在開始，不論發生什麼事，你都要講出來，當你堅持了以上幾條策略一段時間後，你會發現你已經養成了有效溝通的習慣，你的人生處處撒滿陽光。

牢記他人姓名是一種好習慣

俗話說：「人過留名，雁過留聲。」可見人們對自己名字的重視程度。可是幾乎每天我們都能夠聽到這樣的對話：「你叫什麼名字來著？瞧我的記性，總記不住人家名字，對不起，請問尊姓大名？」問題是，當你想不起對方的姓名時，對方會認為你重視他嗎？

你一定有這樣的經驗，當小孩出生後，父母為了他將來能夠幸福和成功，千挑萬選地為他取名，所以人們對自己的名字都有莫名其妙的感情。如此重要的名字有時候竟然被人寫錯，被人忘記，沒有人心裡會愉快的。既然人們如此重視自己的名字，踏入社會和人交往的第一祕訣就是記住他人的名字，絕不要第二次問人家的尊姓大名。因為記住每個人的名字，是尊重一個人的開始，也是創造自己人際關係的第一步。

吉姆·佛雷 10 歲那年，父親就意外喪生，留下他和母親及另外兩個弟弟。由於家境貧寒，他很早就輟學到磚廠打工賺錢貼補家用。他雖然學歷有限，卻憑著愛爾蘭人特有的熱情和坦率，處處受人歡迎，進而轉入政壇。最叫人佩服的是他還有一項非凡的記人本領，任何認識過的人，他都能牢牢記著對方的全名，而且隻字不差。

他連高中都沒讀過，但在他 46 歲那年就已有四所大學頒給他榮譽學位，並且高居民主黨要職，最後還擔任郵政部長之職。

有一次有記者問起他成功之祕訣。他說：「辛勤工作，就這麼簡單。」記者有些疑惑，說道：「你別開玩笑了！」

他反問道：「那你認為我成功的原因是什麼？」

記者說：「聽說你可以一字不差地叫出 1 萬個朋友的名字。」

「不。你錯了！」他立即回答道：「我能叫得出名字的人，少說也有 5 萬人。」

這就是吉姆・佛雷的過人之處。每當他剛認識一個人時，他定會先弄清對方的全名、家庭狀況，所從事的工作，以及政治立場，然後據此先對對方建立一個概略的印象。當他下一次再見到這個人時，不管隔了多少年，他一定仍能迎上前去在他肩上拍拍，噓寒問暖一番，問問他的老婆孩子，或是問問他最近的工作情形。有這份本領，也難怪別人會覺得他平易近人，和善可親。

羅斯福競選總統時，吉姆不辭辛勞地搭乘火車，穿梭往來於中西部各州，親切地與當地民眾寒暄、交談，為羅斯福總統助選。每到一地，即立刻深入民眾，與他們集會、共餐，並宣傳羅斯福總統的政見，與群眾進行最親切的溝通。

返回東岸之後，他立即寫信給每一個城鎮的友人，要他們列出所有與會人士的姓名、住址，收集成一本多達數萬人的名冊，最後仍不辭辛勞，一一寫信給名冊上的每一個人。在信件一開始，即親切地直呼對方的名字，如「親愛的比爾」、「親愛的約瑟」等等，信尾更不忘寫下自己的名字「吉姆」。

所以，牢記別人的名字，並正確無誤地喚出來，對任何人來說，是一種尊重、友善的表現。否則，萬一你不慎忘記而喚錯了人家的名字，很可能還會招來一些不愉快的事。

　　拿破崙的姪子，法國國王拿破崙三世，即曾自稱他能記下所見過的每一個人的名字。平日政務繁忙的他，猶能做到這點，試問其中竅門究竟何在呢？說穿了很簡單，如果他在介紹時沒聽清對方的名字，他會立即說：「抱歉！我沒聽清楚你叫什麼名字！」如對方的姓名很特殊，他還會問：「請問是怎樣拼法？」在談話之中，他會刻意地提起對方的名字，以加深自己的印象，並暗中注意對方的外型、表情和反應，記下對方的種種特徵。

　　在美國總統的專業幕僚中，有一位幕僚的工作內容，就是專門替總統記住每一個人的名字，然後每當總統在遇見某人之前，這位專責幕僚就會先一步提醒總統此人的名字。而那位被總統叫得出名字的人，也會因總統竟然會記得他而雀躍不已，進而更堅定對總統的支持。許多成功者之所以會贏得人們的廣泛歡迎與合格，往往得益於一些類似像記住別人的名字，並能順利叫出來的十分不起眼的小事和細節。

　　這種方法為什麼會如此靈驗呢？原因在於，小事儘管看起來很「小」，但裡面其實包含著極大的處世學問。就像對自己的名字，每個人在心裡往往都是非常重視的，甚至不惜以任何代價使自己的名字能夠永垂不朽。

多數人往往忽視這一點，他們不願意花費必要的時間和精力去用在牢記別人名字這類小事上。相反，為了拉近與別人的距離，建立較為親密的關係，不少人總想借助於「大事」，企圖以此形成「生死之交」、「莫逆之交」。但是，別忘了，在我們周圍，偉人、名人畢竟只是鳳毛麟角，大部分人都是凡夫俗子，他們也不可能做到驚天動地的大事。不可能每個人都轟轟烈烈，平平淡淡的人永遠是大多數，所以真正聰明的人總是善於從小事上著手來拉近與別人關係，而不是一味地搜尋「了不起的大事」。更何況，大事是可遇而不可求的，遠不如小事用起來更加方便。

愛默生曾說：「完美的品格，是由無數小小犧牲才能換來的。」培養牢記他人姓名的習慣也是一樣，要達到這個目標，絕非一蹴可及，定得當時日之累積方可得。

養成適當讚美別人的習慣

莎士比亞曾經說過：「讚美是照在人類心靈上的陽光。沒有陽光，我們就不能生長。」心理學家威廉・詹姆斯（William James）也說過：「人性最深切的需求就是渴望別人的欣賞。」在人與人的交往中，養成讚美的習慣，適當地讚美對方，會增強這種和諧、溫暖和美好的感情。你存在的價值也就被肯定，讓你得到一種成就感。

第六章　好習慣助你贏得好人緣

　　邱吉爾也說過這樣一句話:「你要別人具有怎樣的優點,你就要怎樣地去讚美他。」實事求是,而不是誇張地讚美,真誠地而不是虛偽地讚美,會讓對方的行為更增加一種規範。同時,為了不辜負你的讚揚,他會在受到讚揚的這些方面更加努力。讚美具有一種不可思議的推動力量,對他人的真誠讚美,就像沙漠中的甘泉一樣讓人心靈滋潤。

　　查爾斯‧邁克爾‧施瓦布(Charles Michael Schwab)成為美國鋼鐵公司的第一任總裁時才 38 歲。他處事的祕訣就是「真誠、慷慨地讚美他人」。他還指出,「促使人將自身能力發揮至極限的最好辦法,就是讚賞和鼓勵;來自長輩或上司的批評,最容易喪失一個人的志氣。」因此在生活和工作當中,我們也應該這樣,以鼓勵代替批評,以讚美來啟迪人們內在的動力,自覺地克服缺點,彌補不足,這比你去責怪和埋怨會有效得多。這樣做就會使人們產生一種積極的心態,創造出一種和諧的氣氛,而有利於事業的成功和生活的幸福。由衷的讚美所帶給對方的愉快及被肯定的心情,也讓你分享了一份喜悅和生活的樂趣。

　　如同藝術家在把美帶給別人時感到愉快一樣,任何掌握讚美藝術的人都會發現,讚美不但給聽者,也給自己帶來極大的愉快。

　　它給平凡的生活帶來了溫暖和快樂,甚至把世界的喧鬧聲

也變成了音樂。就像有句話所說的：「只憑一句讚美的話我就可以充實地活上兩個月。」

雖然說讚美是人與人之間良好溝通的潤滑劑，它可以融洽人們之間的關係，但是如果頌揚不當，恰似明珠暗投，更有甚者，反而引起疑惑，甚至反感，這便是因為沒有掌握好讚揚的訣竅，忽略了讚美過程中的細節問題。

當然，讚許做為一種交往中的語言和行為藝術，絕不是脫口而出的奉承和恭維，也不是討好和獻媚。它具有一定的原理，還有心照不宣的使用規則，更有耐人尋味的實踐技巧。

這些，只有在心靈與心靈的衝擊中，才能逐漸摸索和掌握它的具體內涵。

· 要有真實的情感體驗

這種情感體驗包括對對方的情感感受和自己的真實情感體驗，要有發自內心的真情實感，這樣的讚美才不會給人虛假和牽強的感覺。帶有情感體驗的讚美既能體現人際交往中的互動關係，又能表達出自己內心的美好感受，對方也能夠感受你對他真誠的關懷。

英語專門研究社會關係的卡斯利博士曾說過：「大多數人選擇朋友都是以對方是否出於真誠而決定的。」如果你與人交往不是真心誠意，那麼要與他人建立良好的人際關係是不可能的。

第六章　好習慣助你贏得好人緣

- **讚美他人要符合場景**

  小青自己經營一家公司，每天接待客戶，還要管財務和一些雜物，忙得不可開交。生活真是讓她忙得沒有照顧自己的時間，一絲傷感悄然襲上心頭。合作夥伴小峰看到她的眼神和舉動，走上前去，遞給她一杯香濃的咖啡，「休息一會兒，小青，妳永遠是最美麗最能幹的！」小青喝下了咖啡，同時心頭的陰影也因此一掃而空！

  正是因為和對方此情此景之時的想法合拍，小峰一句簡單的話才起到了他所要達到的效果。

- **讚美用詞要得當**

  讚美的形成，在於雙方都是面對面的，所以，內容上要具體，物件上要分明，有時儘管不直接涉及你所要讚美的客體，但對方早已心照不宣地知道你所指的是什麼了。某公司「五一勞動節」舉辦旅遊，辦公室的一位女同事穿了一件非常得體的玫瑰紅金絲絨套裙，加上她的氣韻和風度，的確光采照人。

  這時一位男同事走到她的身邊，僅說了一聲「今天心情好」，她就知道是在讚美她的衣著。嫣然一笑，道一聲「謝謝」。撲面而來的，是一股人際相知的春風。

  同樣，注意觀察對方的狀態也是很重要的一個過程，如果對

方恰逢情緒特別低落，或者有其他不順心的事情，過分地讚美往往讓對方覺得不真實，所以一定要注重對方的感受。

- **在背後說人好話**

在背後說人好話就是說要善於在第二者面前讚美他人。因為當你直接讚美對方時，對方極可能認為那是應酬、恭維，目的只在於安慰自己罷了。若是透過第三者來傳達，效果便截然不同。此時，當事者必然認為那是認真的讚美，毫不虛偽，於是真誠接受，對你感激不盡。事實上，在我們的周圍，可把這種方法派上用場之處不勝枚舉。例如父母希望孩子用功讀書時，如果整天教訓孩子，也很難說有多大效果，假如孩子從別人嘴裡知道父母對自己的期望和關心，父母在自己身上花的心血，自然會產生極大的動力。在你考核下屬工作時，當然更可以使用此法。例如讓下屬的頂頭上司說句好話，或故意在下屬的妻子和朋友面前讚美他，這些方法都能收到相當好的效果。

一位著名企業家說過：「促使人們自身能力發展到極限的最好辦法，就是讚賞和鼓勵……我喜歡的就是真誠、慷慨地讚美別人。」如果我們真心誠意地想處理好同事和朋友之間的關係，就不要光想著自己的成就、功勞，別人是不理會這些的；而是需要去發現別人的優點、長處、成績，養成讚美他人的習慣。

換位思考的習慣不能少

換位思考的習慣就是經常站在對方的立場上思考問題。

美國管理學家玫琳凱‧艾施（Mary Kay Ash）在談論人事管理和人際交往時，講述了她自己的一次親身經歷。

有一次，她參加了一堂銷售課程，講師是一位很有名氣的銷售經理。玫琳凱非常渴望和那位經理握握手，她排了一個多小時的隊，好不容易輪到她和經理面對面了。經理根本沒有用正眼看她，而是從她的肩膀望過去，看看隊伍至底還有多長，甚至他似乎沒有察覺自己正在和別人握手。一個多小時的守候等來的竟然是這種結果，玫琳凱覺得自己受到了莫大的侮辱和傷害。

後來玫琳凱有很多次機會公開演講，也有很多次機會站在長長的隊伍面前，和上百位人士不停地握手。

玫琳凱說：「每當我感到疲倦的時候，我總會想起那次令我感到受傷的情形，然後我馬上會打起精神，面帶微笑直視握手者的眼睛，我還會說些比較親切的話，我盡可能讓對方感受到我的熱情和真誠。只要是和我握手的人，我都會把他當作那個時候我最重要的人。」

既然是「人際關係」，就不能只考慮自己的立場而忽視他人的立場和感受，否則你的所作所為就是「一廂情願」。任何事情你都應該這樣想，「如果我是他，處在他的位置，我會怎麼看待這個問題？我又能怎麼處理這件事情？」

很多時候，父母和孩子之間的代溝、夫妻情侶之間的分歧、上司和下屬之間的矛盾都是因為沒有設身處地地為對方著想。因為不了解對方的立場、感受及想法，我們無法正確地理解和回應。然而遺憾的是，很少有人有這樣的「好奇心」，人們更多的是站在自己的位置上，認為別人應該怎樣，或者站在「一般人」的立場上去界定別人「應該」有的想法和處理方式。

養成換位思考的習慣，你可以收穫更多：

- **多一份理解，少一點矛盾**：如果只從自己的角度來考慮問題，世界上那些不如意的事情都可能成為隨時引發矛盾的導火線。為什麼老闆要求這麼嚴格？為什麼媽媽那麼囉嗦？為什麼他會拒絕我的好心？如果你接下來的推理不再以自己為中心，把對方當作主語繼續說下去，你會發現原來別人有難言之隱，有良苦用心，有為難之處，所有的問題都將迎刃而解。

- **多一份寬容，少一腔怒氣**：也許你還會為一件事情而耿耿於懷，甚至大動肝火，但是因為站在別人的角度上思考，你將更加善解人意，更加細心，更加寬容，更加和善，你也會因此而心平氣和，一腔怒氣消散，而同時你的人格也得到了昇華。

- **多一點信賴，少一點盲目**：為別人著想給對方帶來的是方便、利益和愉悅，別人自然會把你當作自己來看待，無形

之中就會信任你。而對你自己而言，先前那些盲目、不釋然、困惑、惱怒……都會因此消除。

· **必要的時候把別人當成自己，或把自己當成別人**：將心比心，進行一番換位思考後，你的心情自然會豁然開朗，在真誠的寬容下善待別人善待自己。生活在團體中，應學會站在對方立場看問題，多給別人理解與關心，處理好各種人際關係。

卡內基梅隆大學商學教授羅伯特‧凱利（Robert Kelly）在加利福尼亞州某電腦公司遇到一位程式工程師和他的上司就某一個軟體的價值問題發生爭執，凱利建議他們互相站在對方的立場來爭辯，結果 5 分鐘後，雙方便認清了彼此的表現多麼可笑，大家都笑了起來，很快找出了解決的方法。在人與人溝通過程中，心理因素起著重要的作用，人們都認為自己是對的，對方必須接受自己的意見才行。如果雙方在意見交流時，能夠進行換位思考，就能避免雙方大動肝火，很快找到問題的癥結所在。

當今社會經濟飛速發展，人們的工作節奏明顯加快，生活壓力空前高漲，營造一個輕鬆快樂的社會交際圈，對人們緩解壓力、促進身心健康與提高工作效率起到一個調節劑的作用。所以在與人交往中，一定要養成換位思考的習慣，對他人多一些包容與理解，少一些矛盾、怒氣和盲目，這樣對自己、對他人、對社會都是一件好事。

第七章
好習慣成就你的事業

　　有一位成功人士認為，他之所以取得成功，是因為在小時候養成了認真觀察、樂於助人、勤奮學習等好習慣。可見，好習慣是事業成功的基石。好習慣會讓人成功，而壞習慣則會令人一事無成，甚至身敗名裂。有人曾說過：「良好的習慣是一輛舒適的四駕馬車，坐上它，你就跑得更快。」這句話形象地告訴人們，要想在事業上取得成功，就必須有好的習慣，好習慣能使人更快地達到目標，更好地實現自己的理想。

遵循事物發展的規則

　　人世間的事情太多了，古代的人為解決某一問題，先進行策劃，再確定方法規範，然後按規範實施行動。後人在做事時，往往從頭開始，很少考慮前人已有的成果，漸漸地在解決自然和人事的諸多問題時就混亂不堪，缺少根據。

　　可見，遵循事物已有的良性運作規則，而不隨意改變，是有科學性的。

　　曹參和蕭何原來都是秦朝末年的小官吏，後來跟著劉邦起兵反秦。帶兵打仗時，他倆立了不少功，可是曹參得到劉邦封給的爵位和賞賜卻遠遠不如蕭何。為此，曹參心裡免不了有些不愉快，加上在一些事情上同蕭何意見分歧，本來是要好的朋友，關係也慢慢疏遠了。

　　劉邦當皇帝後，蕭何當了開國丞相。為了輔佐劉邦，蕭何開始整理前朝文獻，特別是秦朝的文獻，並大力調查當時的民情、風俗、戶口等等，在此基礎上主持制訂了漢朝的法規、典章和制度。

　　劉邦死後，漢惠帝繼位，此時，蕭何也病得只剩下一口氣了。漢惠帝親自去看他，請他推薦相國人選。蕭何胸懷寬闊，不計私怨，以大局為重，推薦了曹參。

　　曹參繼承了蕭何的相國職務，他要求官吏們一切按前相國的章程辦事。雖然他沒拿出新招來治國，但堅決換掉那些油腔

滑調、舞文弄墨或沽名釣譽的官員，並選拔幾位忠誠老實，對蕭何制訂的政策積極擁護，又有實踐體會的人來做他的助手。因此，有人在漢惠帝面前說曹參沒有精心策劃治國。

有一天，漢惠帝同曹參議論起這件事。曹參說：「請問皇上，你跟先帝相比，哪個英明呢？」惠帝說：「我年輕，哪比得上先帝！」

曹參又問：「要談治理國家的謀略，我與蕭相國相比，皇上你看哪一個賢明呢？」

惠帝微笑著說：「恐怕你比不上蕭相國吧？」

曹參乘機懇切地說：「皇上說得完全對，皇上比不了先帝，我不如蕭相國。那麼，先帝和蕭相國平定天下，制訂出的政策，難道我不應該好好地繼承下去嗎？還能隨意去更改嗎？」

「蕭規曹隨」，比喻遵循前人的規定辦事。

嚴格的規範或許會使人們失去揮灑自如的快意，但可以保證一個組織運轉的穩健和效率。西方企業習慣於按規則辦事，而東方的企業喜歡臨時決定。只有按規則辦事才能使社會各環節納入控制之中，東方企業是否成熟應該看它是靠靈氣辦事，還是靠制度辦事。

美國是個高效率的國家，美國的國家與社會效率很好地表現在對規則的尊重中。美國隨處可見為人稱道的「排隊文化」中，無論在商場、銀行、書店、餐館和交通等方面，他們都自覺排隊。走在馬路上，司機一般都揮手讓行人先通過，大多數

第七章　好習慣成就你的事業

行人也揮手或以微笑的方式表達他們的感謝。當然，在紐約這樣的大都市，由於節奏加快，司機的相互謙讓要少些，不管怎樣，很難看到搶紅燈、逆向行駛等違規行為，城市交通無須員警站崗監督，全是透過紅綠燈的自動切換來協調的。

　　這就是尊重規則的習慣帶來的好處。美國是有序的，這種有序現象保證了整體效率的提高。當然，美國的有序不是憑空產生的，它也是透過制度來保證的。只是它的制度有些特別的地方，這種不同點在於文化也成了一種重要的制度在約束人們的行為，發揮著重要的作用。

　　效率的高低，最終還是取決於對規則的遵循程度。只有尊重並遵守社會生活中的各種形式的規則，即政治的、經濟的、法律的、文化的、道德的、宗教的規則，以及各種習慣、習俗和常例，才能形成並充分維持社會生活得以持存的各種社會秩序；也只有在這種秩序下，人們才有可能真正獨立、自主地規劃自己的生活藍圖與理想，制訂自己的生活計畫、安排自己的生活細節。

　　正確的規則觀，絕不是一時之策，而是立人之本，是為官者與為商者必須信守的承諾。養成尊重規則的習慣，規則會恩惠於你；破壞規則，規則就會懲罰你。因為規則背後，是全社會認可的正義觀、公平觀和權力觀。

　　因此，尊重規則的意識，不僅是對你做事習慣的檢驗，也是對你做人習慣的一個檢驗。

這樣的習慣會在生活中隨時提醒我們，必須首先尊重普通人的生活，其次，我們每一個人在自己的生活之中尊重規則。這種尊重既要從「我」做起，又要從「現在」做起；並且要把它長久堅持下來。對於我們每一個人來說，對規則的尊重，不僅在於「一時」而且更在於「一世」。

培養策略思考的習慣

現代社會對人的要求越來越高。由於工作越來越多，往往「兩眼一睜，忙到熄燈」，「不過年，不過節，一年四季無氣歇」。「埋頭」做事的時間長了，很容易就忘記「抬頭」看前方，缺乏策略思考。

從人生的整體高度來思考，這樣的思考習慣就是策略性思考習慣。

微軟公司的比爾蓋茲，多年來養成一個業界皆知的習慣——「閉關修練」，也就是每年兩次遠離塵囂七天，凝神思考科技業的未來，然後把所思所想傳遍整個微軟公司。比爾蓋茲的每次「閉關」，總能為科技行業找出幾個新領域，為微軟開拓的幾個新市場點亮一盞明燈。

微軟的每個員工都特別期待「閉關週」，只要他們願意，他們寫的報告就有可能傳到比爾蓋茲手中，並被仔細閱讀。「閉關週」讓他們有機會成為可能影響微軟未來的那個人，也讓他

們更有微軟主人翁的想法。這也使得創新色彩濃厚的「閉關」又帶上了「群策群力」的色彩。

現代管理之父彼得‧杜拉克說：「首先是做正確的事，其次才是正確地做事。」「很多時候從盒子裡跳出來，冷靜地思考，才可以掌握正確的方向。」比爾蓋茲的「閉關」正是對彼得‧杜拉克這些管理思想的詮釋。然而，環顧我們周圍很多人身位某個企業或者公司的領袖，雖然規模遠遠不能與比爾蓋茲的微軟公司相提並論，但是忙碌的程度與比爾蓋茲相比卻毫不遜色。他們常常有疲於奔命之感，工作是「腳踏溜冰鞋」，「溜」到哪兒算哪兒，根本談不上策略思考。

古人云：「自古不謀萬世者，不足謀一時；不謀全域者，不足謀一域。」因此，我們有必要學習比爾蓋茲的「閉關」，從平時工作的瑣碎思維中擺脫出來，用策略頭腦自覺捕捉、謀劃、解決策略問題。畢竟站得高，才能看得遠；看得遠，才能看得全。

策略是建立在全面、科學分析與論證基礎之上的，集思廣益可讓我們保持清醒的頭腦，幫助自己在制訂近期計畫和策略目標時，明確方向。

一般來說，從人生的整體高度來講，我們需要對以下一些策略問題需要思考：

- **生命的價值**：① 生命增加價值，物質財富的增長，個人實力的強大，精神的價值。② 享受工作，享受生活，找到一個平衡點。

- **個人價值的評估**：① 思維的敏捷度，思維的獨特性，成熟性，可以沒有經歷，但可以顯得很成熟，你被人看中的更多的是潛力。② 對人性的弱點有深刻的洞察，人的惰性與潛力要有具體的分析。

- **對人生的某些問題有一定的思考**：① 你人生的三大挫折是什麼？你是怎麼在挫折中成長起來的？② 要做一個有包容性的人。經常思考這些問題會讓你變成一個有 a big heart 的人，形成天下為公的思想，並且具有超強的忍耐力。成為一個有愛心的人，你的愛心的大小就是你視野的大小。

對個人價值與成長問題的評估，有助於我們對人生策略進行整體規劃。

正如一場戰役、一場足球比賽都需要確定作戰方案一樣，有效的生涯設計也需要有確實能夠執行的生涯策略方案，這些具體的且可行性較強的行動方案會幫助你一步一步走向成功，實現目標。

策略規劃是人的第一大事，每個人必須明確自己的角色，知道自己的職責，心中須有一個個人發展的清晰藍圖，知道自

己應該向何處去，怎麼去。只有明確了發展的方向與目標，具有了強烈的目標感與全域意識，才能養成策略思考的意識。

說到底，我們學習比爾蓋茲「閉關修練」，就是要像比爾蓋茲那樣善於懂得制衡：策略與策略的平衡，近觀與遠眺的平衡。

養成有效制訂計畫的習慣

計畫是一切工作的起點，如果沒有了計畫工作，就如同大廈沒有了堅固的地基。儘管說，計畫趕不上變化，但有了計畫，工作才能有條不紊。

古今中外，凡有所成就的人都有極強的計畫觀念。一個善於利用計畫的人必然善於對事務進行計畫，他的工作、學習、運動、娛樂、吃飯、睡覺的時間，都是經過周密安排的。一個做事沒有計劃的人，必然是一個浪費時間的人。

顯然，有效設定目標將有助於我們改掉做事無效率習慣，制訂計畫則將進一步提高我們改變習慣的成功率。

有個名叫約翰‧戈達德（John Goddard）的美國人，當他 15 歲的時候，就將自己一生要做的事情列了一份清單，稱為「生命清單」。在這份排列有序的清單中，他給自己制訂所要完成的 127 個具體目標。比如，探索尼羅河、攀登喜馬拉雅山、讀完莎士比亞的著作、寫一本書等。在 44 年後，他以超人的毅

力和非凡的勇氣，在與命運的艱苦抗爭中，終於按計劃，一步一步地實現了 106 個目標，成為一名卓有成就的探險家、作家和演說家。

一般來說，做事無計畫可能有多種原因，主要原因是：第一、看不到計畫的重要性；第二、做事的目標不明確；第三、進取心不足或者懶惰；第四、沒有掌握制訂計畫的方法。

古人云：「凡事豫則立，不豫則廢」。一個周密的計畫，可以在現有環境的基礎上對未來的工作和發展做出一定的安排和調整，這樣才能把事情辦好。

計畫可以分為不同類型：按廣度分，策略性計畫、作業性計畫；按時間框架分，短期計畫、長期計畫；按明確性分，具體性計畫、指導性計畫。

策略計畫是指：應用於組織，為之設立總體目標和尋求組織在環境中地位的計畫；策略計畫趨向於覆蓋較久的時間間隔，通常以年為單位，涉及較寬的領域和不規定具體的目標。作業計畫是指：規定目標如何實現的細節計畫。作業計畫趨向於覆蓋較短的時間間隔，如月度計畫、周計畫、日計畫，主要偏重於實現的方法。所謂短期是指 1 年以內的期間；長期一般超過 5 年以上。具體的計畫：具有明確規定的目標，不存在容易引起誤解的問題。指導性計畫：只規定一些一般的方針，指出重點而不限定在特定的行動方案上。

第七章　好習慣成就你的事業

　　維克托‧米爾克是世界上屈指可數的現代化大食品公司墨西哥城推銷中心的技術總監。他的工作直接或間接地受到公司5,000 名雇員中 3,000 多人的影響，因此，他總是忙得不可開交。一次，在墨西哥城舉行的時間管理研討會上，他談到了對工作和時間的看法。

　　米爾克說：「現在我不再加班工作了。我每週工作 50 至 55個小時的日子已經一去不復返，也不用把工作帶回家做了。我在較少的時間裡做完了更多的工作。按保守的說法，我每天完成與過去同樣的任務後還能結餘 1 個小時。我使用的最重要方法是制訂每天工作計畫。現在我根據各種事情的重要性安排工作順序。首先完成第一項事項，然後再去進行第二項事項。過去則不是這樣，我那時往往將重要事項延至有空的時候去做。我沒有認識到次要的事項竟占用了我的全部時間。現在我把次要事項都放在最後處理，即使這些事情重我也不用擔憂。我感到非常滿意，同時，我能夠按時下班而不會心中感到不安。」

　　計畫可以幫助一項工作沿著既定的路線朝向既定的目標。有效合理的計畫能幫助我們很好的理解工作的目的及工作要求，使他們能自覺地按照計畫去進行更好地協作。計畫可以提高生產率和增強人們的滿意度。計畫可以提高工作的有效性和效率。

制訂確實可行的行動目標

在《里柯克幽默隨筆選》裡，作者斯蒂芬·巴特勒·里柯克（Stephen Butler Leacock）提到一位「糟糕」的賈金斯先生。

賈金斯無論學什麼都是半途而廢。他曾經廢寢忘食地攻讀法語，但要真正掌握法語，必須首先對古法語有透徹的了解，而沒有對拉丁語的全面掌握和理解，要想學好古法語是絕不可能的。賈金斯進而發現，掌握拉丁語的唯一途徑是學習梵文，因此便一頭撲進梵文的學習之中，可這就更加曠日廢時了。

賈金斯從未獲得過什麼學位，他所受過的教育也始終沒有用武之地。但他的祖先為他留下了一些本錢。他拿出 10 萬美元投資辦一家煤氣廠，可是煤氣所需的煤炭價錢昂貴，這讓他大為虧本。於是，他以 9 萬美元的售價把煤氣廠轉讓出去，開辦起煤礦來。可這又不走運，因為採礦機械的耗資大得嚇人。因此，賈金斯把在礦裡擁有的股份變賣成 8 萬美元，轉入了煤礦機器製造業。從那以後，他便像一個內行的滑冰者，在有關的各種工業部門中滑進滑出，沒完沒了。

他戀愛過好幾次，雖然每一次都毫無結果。他對一位女性一見鍾情，十分坦率地向她表露了心跡。為使自己匹配得上她，他開始在精神品德方面陶冶自己。他去一所主日學校上了一個半月的課，但不久便自動逃掉了。兩年後，當他認為問心

無愧，去求婚之日，那位女性早已嫁給了一個愚蠢的傢伙。不久他又如痴如醉地愛上了一位迷人的、有五個妹妹的女性。可是，當他到女性家時，卻喜歡上了二妹。不久又迷上了更小的妹妹。到最後一個也沒談成功。來回搖擺的人永遠都不可能成功，賈金斯的情形每況愈下，越來越窮。他賣掉了最後一項營生的最後一份股份後，便用這筆錢買了一份逐年領取的終生年金，可是這樣一來，領取的金額將會逐年減少，他要是活的時間長了，早晚得挨餓。

「人生應該有目標，否則，你的努力將屬徒然。」許多管理書籍中，你都會看到關於確定有效目標的「SMART」原則，即目標的有效性與否，必須符合以下五個條件：

1. Specific —— 具體的
2. Measureable —— 可以量化的
3. Achievable —— 能夠實現的
4. Result-oriented —— 注重結果的
5. Time-limited —— 有時間期限的

如果再簡化一點，可以將有效目標的核心條件概括為兩個：一個是量化，一個是時間限制。

量化一是指數字具體化，即如果某一個目標能用數位來描述，則一定要寫出精確的數字。比如，你在三個月內要實現的收入狀況，就可以量化為 150 萬元、100 萬元、50 萬元等具體

的數字。二是指形態指標化，即如果所確定的目標不能直接用某一個數字來描述，則必須進一步分解，將其表現形態全部用數位化指標來補充描述。如想買一棟房子的目標，應該具體說明：多大面積、幾室幾廳、多少價格、具體位置、房屋朝向、周邊環境要求等。

時間限制是指你所確定的目標，必須有一個明確的期限，可以具體到某年某月。沒有時限的目標，不是一個有效的目標。你可能輕而易舉地為自己找到拖延的藉口，讓目標實現之日變得遙遙無期。

將制訂目標的原則習慣化，意味著你的目標不能太過高遠，而是要盡可能的具體一點，以便在生活中隨變化調整。

把目標量化分解為具體的行動計畫，一向採用「逆推法」，即確定大目標的條件，將大目標分解成為一個個小目標，由高級到低級層層分解，再根據時限，由將來反推至現在，明確自己現在應該做什麼：

即時行動←更小的目標←小目標←大目標

用「逆推法」分解量化目標為具體行動計畫的過程，與實現目標的過程正好相反。分解量化大目標的過程是逆時針，由將來反推至現在。實現目標的過程是順時推進，由現在到將來。

這個過程可以這樣進行：先根據總目標實現的條件，將人生總目標分解為幾個 5 至 10 年的長期目標，再根據長期目標的實現條件，將其分解為若干個 2 至 3 年的中期目標，再繼續將

其分解為若干 6 個月至 1 年的短期目標，進而將每一個短期目標分解成月目標，月目標量化分解為若干個周目標，周目標變成若干個日目標，最後，依次具體化為現在應該去幹什麼。

不管什麼目標，也不管多大，每一個目標都要分解到你現在應該做什麼，讓你現在的行動與你未來的願望、夢想聯繫起來，讓目標有了現實的行動基礎，否則，你的願望現在就可以斷定不太可能實現。

將目標分解完成

一個看似很龐大很艱巨的任務，如果分成一件件小事分段來完成，往往就會變得簡單易行。比如，當我剛開始寫作此書時，這個巨大的工程差點一下子就把我壓垮了。不過，當我以「章」為單位把它分成了五小塊，並將每一塊做為一個獨立的單元突破時，這項工作就變得簡單易行，一點兒都不令人感到沮喪了。

記住，最重要的是找到一個起始點，並堅持做下去。

1984 年，在東京國際馬拉松邀請賽中，名不見經傳的日本選手山田本一出人意外地奪得了世界冠軍。當記者問他憑什麼取得如此驚人的成績時，他說了這麼一句話：憑智慧戰勝對手。

當時許多人都認為這個偶然跑到前面的矮個子選手是在故弄玄虛。馬拉松賽是體力和耐力的運動，只要身體底子好又有

耐性就有望奪冠，爆發力和速度都在其次，說用智慧取勝確實有點勉強。

兩年後，義大利國際馬拉松邀請賽在義大利北部城市米蘭舉行，山田本一代表日本參加比賽。這一次，他又獲得了世界冠軍。記者又請他談談經驗。

山田本一性情木訥，不善言談，回答的仍是上次那句話：用智慧戰勝對手。這回記者在報紙上沒再挖苦他，但對他所謂的智慧迷惑不解。

10 年後，這個謎終於被解開了，他在自傳中是這樣說的：

「每次比賽之前，我都要乘車把比賽的線路仔細地看一遍，並把沿途比較醒目的標誌畫下來，比如第一個標誌是銀行；第二個標誌是一棵大樹；第三個標誌是一座紅房子……這樣一直畫到賽程的終點。比賽開始後，我就以百米的速度奮力地向第一個目標衝去，等到達第一個目標後，我又以同樣的速度向第二個目標衝去。40 多公里的賽程，被我分解成這麼幾個小目標輕鬆地跑完了。起初，我並不懂這樣的道理，我把我的目標定在 40 多公里外終點線上的那面旗幟上，結果我跑到十幾公里時就疲憊不堪了，我被前面那段遙遠的路程給嚇倒了。」

分段實現大目標真可謂是經驗之談，這一想法甚至適用於所有的「行業」。相信你已制訂了自己宏大的計畫，但你不可能一步達到，你還要制訂一些小計畫，分步來完成你的宏大計

畫。當你把這些小計畫一步步完成時，你就成功實現了你的宏大計畫。

　　有個專業名詞叫「冷盤切割技術」。假如你買了一根義大利臘腸，很顯然你不可能一次把整根臘腸都吃完，所以你要把它切成薄片。做事情也是這樣。當你遇到太大太難的任務時，你會習慣於拖延。但是如果你把它分成小塊，一次做一點，你做起事情來會很帶勁，而且一點一點，最終你會把整件事情都做完！問題的關鍵就是你要擺脫慣性，以便讓事情運作起來獲得動量。一旦你獲得了動量，你就會循序漸進地實現自己的夢想。

　　有位作家曾說過一個故事：

　　「有一次我在電臺上上節目時，接到了一個想打掃地下室的清潔婦的電話。她說，地下室裡堆滿了各種各樣的舊東西，這已煩了她八個月了。我回答說：『為什麼不先選一個角落打掃呢？』兩個星期之後，我收到她一張便條，她說她按照這種方法做了結果還真奏效。我不清楚她是先把東西都堆到一個角落然後打掃的呢？還是先打掃一個角落、一部分一部分清理的？但不管怎麼樣，一小部分一小部分地做，讓她終於把整件工作都做完了。分步做事，事情就不會顯得那麼艱巨，相反它會顯得更容易完成。」

　　假如有一天你發現家裡看起裡有點破舊，需要重新刷一遍，但是對於搬家具等準備工作感到發愁，所以你就一再拖

延。解決辦法就是一次一點地去做。擬定一個行動方案:第一週選定一個顏色;第二週去買顏料和刷子;第三週先刷一面牆……不知不覺,你就會把整間屋子都刷完。但是,粉刷屋子的最好方法還是找一個粉刷匠,所以多花點時間努力工作,這樣你就有足夠金額雇專業的粉刷師。」

幾乎任何事情都可以用冷盤切割技術來處理。你最想做成的事情,可能是需要花時間最多也是最難的事情,但是只要你把一件大事分成小塊來做,你就不會再拖延,這樣你的願望也不會受損。

這個好習慣是你的每一個大工程都變得簡單易行。

細節決定你的成敗

注意細節其實是一種功夫,這種功夫是靠日積月累培養出來的。談到日積月累,就不能不涉及到習慣,因為人的行為的95%都是受習慣影響的,在習慣中累積功夫,培養內涵。愛因斯坦曾說過這樣一句有意思的話:「如果人們已經忘記了他們在學校裡所學的一切,那麼所留下的就是教育。」也就是說「忘不掉的是真正的內涵」。而習慣正是忘不掉的最重要的內涵之一。

有位醫學院的教授在上課的第一天對他的學生說:「當醫生,最要緊的就是膽大心細!」說完,便將一隻手指伸進桌子上一個盛滿尿液的杯子裡,接著再把手指放進自己的嘴中,隨

第七章　好習慣成就你的事業

後教授將那個杯子遞給學生，讓這些學生學著他的樣子做。看著每個學生都把手指探入杯中，然後再塞進嘴裡，忍著嘔吐的狼狽樣子，他微微笑了笑說：「不錯，不錯，你們每個人都夠膽大的。」緊接著教授又難過起來：「只可惜你們看得不夠心細，沒有注意我深入尿杯的是食指，放進嘴裡的卻是中指啊！」

教授這樣做的本意是教育學生在研究與工作中都要注意細節。相信嘗過尿液的學生應該終生能夠記住這次「教訓」。

什麼是不簡單？把每一件簡單的事做好就是不簡單；什麼是不平凡？能把每一件平凡的事做好就是不平凡。

如果沒有良好習慣為基礎，任何理想的大廈都難以蓋起來。而習慣恰恰是由日常生活中的一點一滴的細微之處的不斷累積所形成的。所以，古人說的好：「勿以善小而不為，勿以惡小而為之。」從更深刻的意義上講，習慣是人生之基礎，而基礎水準決定人的發展水準。眾多事實證明，習慣如何常常可以決定一個人的成敗，也可能導致事業的成敗。俄羅斯教育家康斯坦丁·德米特里耶維奇·烏申斯基說：「良好的習慣是人在其思維習慣中所存放的道德資本，這個資本會不斷增長，一個人畢生可以享受它的『利息』。」另一方面，「壞習慣在同樣的程度上就是一筆道德上未償清的債務，這種債務能以其不斷增長的利息折磨人，使他最好的創舉失敗，並把他引到道德破產的地步……」。

　　所以，成功是一個日積月累、持續不斷的過程，任何希望
僥倖、立時有成的想法都注定要失敗的。中華武術中的「功
夫」，就是基本動作天天做，本身就有日積月累的含義。

　　細節總是容易為人所忽視的，所以往往最能反映一個人的
真實狀態，因而也最能表現一個人的修養。正因為如此，透過
小事看人，日漸成為衡量、評價一個人的最重要的方式之一。
現在，有些公司在招聘時，還專門針對細節下些功夫，設計一
些細節方面的試題，透過細節來觀察應聘者；有的公司甚至透
過「吃相」、「筆跡」等細微小事來決定用人與否。

　　對於求職者來說，展現完美的自我，是需要靠細節來體
現，所以時時刻刻勿忘細節自然是渴望成功的人必須要注意的。

　　有一個流傳很廣的關於應聘的故事：

　　有家招聘高級管理人的公司，對一群應聘者進行複試。儘
管應聘者都很自信地回答了主考官們的簡單提問，可結果卻都
未被錄用，只得怏怏離去。這時，有一位應聘者，走進房門
後，看到了地毯上有一個紙團。地毯很乾淨，那個紙團顯得很
不協調。這位應聘者彎腰撿起了紙團，準備將它扔到紙簍裡。
這時主考官發話了：「你好，朋友，請看看你撿起的紙團吧！」
這位應聘者遲疑地打開紙團，只見上面寫著：「熱忱歡迎你到我
們公司任職。」幾年以後，這位撿紙團的應聘者成了這家著名
大公司的總裁。

這道顯然是專門用來考察求職者細節的試題，使得一些志在必得的應聘者紛紛鎩羽而歸。在這裡，一個不經意的細節就決定了面試的成敗。

要把重視細節、將小事做細培養成一種習慣。透過長期累積，自然會使你在所做的工作中有大的提高。如果只圖一時，而不顧長遠，自然起不到這樣的效果。一個人做一件好事並不難，難的是一輩子做好事。不在一時，而在一世，在每一個細節上把事情做好是相當難的。

不要輕視身邊的小事

做任何一件事對你的人生來說，都是極具意義的。當一位泥水匠，你也許會從磚塊和泥漿中發現詩意；當一名圖書館管理員，你或許可以在工作之餘讓自己獲得更多的知識；當一名教師，也許你對教學工作感到厭煩，但是，只要你走進教室見到學生，你一定會變得熱情洋溢、精力充沛。不要用他人的眼光來看待你的工作，也不要用世俗的標準來衡量你的工作，如果這樣做的話，只會讓你覺得工作單調、無聊、一無是處。在外面觀察一個大教堂的窗戶，上面也許布滿了灰塵，十分灰暗，沒有光華，但是，如果我們推門走進教堂，將會看到另外一幅色彩絢麗、線條清晰的景象，在陽光之下熠熠生輝。

這揭示了一條真理：從外部看待問題是有局限的，只有從內

部觀察才能看透事物的本質。有的工作從表面上看索然無味，可是當你身臨其境，努力去做時，你會發現趣味盎然。

畫家莫內曾畫過這樣一幅畫，描繪的是修道院裡幾位正在工作著的天使：其中一位正在架水壺燒水，一位正提起水桶，還有一位穿廚師服的天使，正在伸手去拿盤子。從畫面上你可以看到，哪怕是生活中再平凡不過的事，天使們都在全神貫注地去做。

美國標準石油公司曾經有一位員工叫阿基勃特，他在出差住旅館的時候，總是在自己簽名的下方，寫上「每桶 4 美元的標準石油」字樣，在書信及收據上也不例外，簽了名，就一定寫上那幾個字。他因此被同事叫做「每桶 4 美元」，而他的真名倒沒有人叫了。公司董事長約翰‧戴維森‧洛克菲勒（John Davison Rockefeller）知道這件事後說：「竟有職員如此努力宣揚公司的聲譽，我要見見他。」於是邀請阿基勃特共進晚餐。後來，洛克菲勒卸任，阿基勃特成了第二任董事長。也許，在你的眼中看來，在簽名的時候署上「每桶 4 美元的標準石油」，這實在不是什麼政經的大事。嚴格說來，這件不大的事還不在阿基勃特的工作範圍之內。但阿基勃特做了，並堅持把這件小事做到了極致。那些嘲笑他的人中，肯定有不少人才華、能力在他之上，可是最後，只有他成了美國標準石油公司的董事長。

有一些人因為「事小而不為」，或抱有一種輕視的態度。這種人生態度是不負責任的。在開學的第一天，一位老師對他

的學生們說：「從開學這一天起，我們不設值日生輪流表，因為只要在座的每一位同學都能把自己的座位周圍清掃乾淨，整個教室也就乾淨了。」 學生們表示能夠做到這一點，可是一年以後，大家發現，全班只有一個學生堅持這樣做了。「這麼簡單的事，誰做不到？」這正是許多人的心態。成功不是偶然的，有些看起來很偶然的成功，實際上我們看到的只是表象。正是對一些小事情的處理方式，已經昭示了成功的必然。

　　不管你從事什麼樣的工作，都要從工作本身去理解，把工作看成你人生的權利與榮耀。別輕視你做的每一件事，哪怕是一件小事，你也要竭盡全力、盡職盡責地把它做好。

　　能把小事情順利完成的人，才有完成大事的可能。走好每一步路的人，絕不會輕易跌倒。 所有的成功者與我們都做過同樣簡單的小事，唯一的區別就是，他們從不認為他們所做的事是簡單的。

　　一對住在科羅拉多州鄉下的夫婦，打了一千四百次以上的電話，向新丹佛國際機場的噪音熱線抱怨它們起降的飛機一直飛過他們家上空。他們對機場的官員說，他們將會不停的打電話，直到航道改變為止。

　　如果我們估算一分鐘打一次電話，那麼一千四百次電話加起來，就是超過 23 小時的抱怨！

　　讓我們奇怪的是，這樣一件小事，機場為什麼不能快速解決？

小事雖小，但如果不能快速處理好，它始終會存在著，並且會始終困擾著你。

如果你知道如何解決問題，就立刻去做，不要只是抱怨不停。誰製造這個問題並不重要，重要的是去解決。

拖著不辦，問題始終在那裡。很多注重品質的公司都為產品附加上價值。附加價值的方法有好幾種，譬如說透過品質、服務、運送速度和親切感等，對產品另外附加了熱忱和責任感。也就是說，盡可能的增加產品的附加價值才能讓問題解決，並為公司贏得一個好口碑。

大多數組織都有著嚴格的等級觀念和不能許可權，這使得有些事情很難辦，因為他們總是互相扯皮、推諉……如果你只是抱怨，說不定他們索性會給你來一個置之不理。冷靜下來，客氣一點，記住，找到解決問題的力量，解決問題才是最重要的。

改掉浪費時間的習慣

時間的浪費無時不在。從某種意義上說，時間管理就是把浪費的時間找回來。所以，學習時間管理技能，首要分析你目前的時間使用狀況，弄清楚時間是怎樣被浪費的。對於現實中的大多數忙亂無章的人來說，浪費時間的最常見表現有：

1. **工作缺乏計劃性**：缺乏工作計畫的人，經常把時間花在一些無關緊要的事情上，而最應花時間的任務卻因時間不夠而無法完成。

2. **習慣性的拖拉**：主要表現為 —— 因工作不能按時完成而拖拉，因做事猶豫不決而拖拉，因過分地追求完美而拖拉。

3. **嘴上的時間浪費**：例如，熱衷於請客吃飯、沉醉於談天說地、痴迷於煲電話粥、與客戶溝通不得要領，囉哩囉嗦，廢話連篇。

4. **不會拒絕干擾**：有些人錯誤地認為，滿足同事、朋友或客戶的所有請求，可以取悅他們，從而獲得他們的支持。結果是有求必應，不會拒絕別人的干擾。你不會拒絕，別人有事總來找你幫忙，你不但招架不住，而且你的大量時間消耗在了處理別人的事裡。

王永慶小學畢業後，就到一家小米店學做學徒。一年以後，他用父親借來的僅有的 200 元錢當本錢開起了自己的一家小米

店。為了和隔壁的日本米店競爭，王永慶著實費了不少心思。

當時，大米加工技術還不像現在這樣，比較落後。每次出售的大米裡都混雜著米糠、沙粒、小石頭等，各家米店店主對此不聞不問，顧客對此也習以為常。可正是這一點，讓王永慶則多了一個心眼，他將每次即將出售的大米中的雜物一點一點地揀乾淨。他的做法一傳十十傳百，十公里外的顧客也都紛紛解囊購買。

王永慶看到自己雖然花費了一點時間，但是大米的銷售量卻翻了一番。為了發展自己的事業，他決定為了節省顧客的時間，親自送米上門。他在一本本子上詳細記錄了顧客家中有多少人、一個月吃多少米、何時發薪等。算算顧客的米該吃完了，就送米上門；等到顧客發薪的日子，再上門收取米款。

每次他幫顧客送米時，先幫顧客將米倒進米缸裡。如果米缸裡還有米，他就將舊米倒出來，將米缸刷乾淨，然後將新米倒進去，把舊米放在新米上面。這樣，米就不至於因存放時間過久而發黴變質。他這個一連串有條不紊的舉動令不少顧客深受感動，人們爭相買他的米。

王永慶始終站在顧客的角度上，以有計畫、有目的的行動執行著一個粗糙的時間的管理，他用一套井然有序的行動為自己的事業輕而易舉地贏得了寶貴的市場。

時間管理包括三個核心的問題：

第一，什麼事情是必須做的。

第二，如何看待他人。

第三，如何對時間實施統籌規劃。

對任何一個人而言，都具有人生嚴肅的一面及品質衡量的角度。因此，每個人對時間管理的認識，所持有的態度與方法就各不相同。

時間管理的一個重要準備任務是——了解你的時間是怎麼花掉的。不需要對為什麼要這樣做出解釋，但它可能會被認為是一個簡單的任務，認為足夠的簡單以致與回想一下就可以了。事實上需要強調它的原因也正在於此。我們的想像畢竟是有限的，它不可能觸及到沒一個問題或每一件事情，因為「想像」和「現實」之間常常有著很大的差異，甚至有時是背道而馳、完全的不同。

大師級的管理者彼得·杜拉克曾經對他所做過的研究進行了描述：他請管理者將自己怎樣使用時間的情況寫下來，又請人記錄這些管理者是如何使用時間的。有家公司總裁十分肯定地告訴研究者，根據他的個人習慣，他將自己的時間分為三個部分，並且將它們分別自如地用在公司高級管理人員、重要客戶及地區社會活動當中。研究的實際記錄花費了六周的時間，得到的結果是，這位總裁把大部分時間用在了調度工作上，隨時了解他所認識的客戶的訂貨情況，還為他們的訂貨打電話給工

廠。一開始，他本人對這些記錄表現出無法相信，但在很多次看到類似紀錄之後，他終於相信，「關於時間的使用問題，現實要比想像可靠得多」。

時間管理是從記錄你的時間是怎麼花掉的而開始的，當然這種記錄絕不是一個一次性的任務，值得強調的一點是為了確保整個時間管理過程的順利進行，為了了解最新的時間使用情況，管理者可能需要不斷地重新做出紀錄。

比如管理者一個月可以抽出一天的時間來專門記錄當天時間的使用情況。當然也有的人按照某些時間管理工具的要求，能夠堅持每天以 15 分鐘為間隔記錄時間使用情況。這樣做有它的益處，但是，我認為這樣做或許有點大張旗鼓，將太多時間花在 「磨刀」 這件事上。我在此特別反對過於頻繁地記錄時間表，因為這樣做會帶來負面影響，會讓人的心裡感到來自外界的巨大的壓力。

很多人之所以對時間管理不得要領，基本上都是對時間管理的第一個關鍵問題 —— 什麼事是必須做的理解有誤。他們把大量的時間花在了那些不是非做不可的事情上了。杜拉克在《哈佛商業評論》上，以他的豐富經歷非常肯定地對世人說：「我還沒有碰到過哪位管理者可以同時處理兩個以上的任務，並且仍然保持高效。」 因此，對我們來說，最重要的是要讓自己清楚的知道什麼是重要的、必須做的任務，也就是說，哪一件

事情是可以用來衡量自己績效的標準，哪一件事可解釋為「我能夠為組織做什麼貢獻？」。因此，問題的解決辦法是，找出目前最重要的一件事；然後竭盡全力去做好它。

據說，比爾蓋茲每年會有幾週時間處於完全的封閉狀態，完全脫離日常事務的煩擾，思考一些對公司、技術非常重要的課題。那麼對於管理者而言，最好的方法也就是，在某一天把辦公室門關上，拔掉電話，把其他事情都推到一邊，盡可能避免那些小小的麻煩，好好的進行一次自由的思考。

一個成功的時間管理者，他的高明之處還在於，能有效不僅能很好地安排好自己的時間，而且還能夠有效地遵守工作時間，不讓任何一個計畫或時間表變得毫無價值。

遵守工作時間的一項要訣，就是適當安排處理每件工作所需要的時間長度。一般而言，安排的時間太短，比時間太長更糟糕。因為這樣的話，管理者就必須時刻提醒自己趕上落後的進度，而使實際情況變得比預計情況更糟。

遵守工作時間另一個要訣，不要對那些沒有預計到的事情立刻做出反應，把處理這些事情所需的時間安排在未來機動的時間表中，將它們看成是其他時間才要做的工作。

養成快速行動的習慣

年輕人最容易染上的可怕習慣，就是事情明明已經計劃好、考慮過、甚至已經做出決定了，卻仍然畏首畏尾、瞻前顧後、不敢採取行動。對自己越來越沒有信心，不敢決斷，終於陷入失敗的境地。

很多人喜歡制訂計畫，在周密、工整的計畫中獲得部分滿足。但是如果不能將計畫變為行動，在若干年後看到這張紙只會感到深深的失落，尤其是，當同時起步的朋友已經實現了夢想的時候。

成功者都能理解這句格言：「拖延等於死亡。」

阿莫斯·勞倫斯說，「整建事情成功的祕訣在於，形成立即行動的好習慣，才會站在時代潮流的前列，而另一些人的習慣是一直拖延，直到時代超越了他們，結果就被甩到後面去了。」

當伊雷內·杜邦（Eleuthere lrenee du Pont）把開火藥廠的想法告訴父親皮埃爾時，皮埃爾以為他在異想天開，在大家印象中，這孩子從小就是個沉默寡言的書呆子。皮埃爾對伊雷爾的計畫不感興趣，讓他自己解決資金、廠址和其他問題，一切由他自己張羅。隨後，伊雷爾以出色的做事精神證明自己不是個空想家。他做得井井有條。他被生產世界上最棒的火藥的狂想鼓舞著，一心放在上面。

第七章　好習慣成就你的事業

　　他手頭的錢不夠，一流的設備都在法國，廠址不知道安在哪兒合適，一切都沒有著落，他知道，自己不可能像小時候那樣用試管和小匙把火藥生產出來。但他一件事一件事地落實。首先選廠址，為了爭取政府的訂貨，他想在華盛頓附近找地方。但是，經過一番實地考察後，他發現這裡沒有火藥廠需要的河流、森林和花崗岩。在美國轉了一大圈，他終於看中了德拉瓦州州的白蘭地河畔，這裡水流湍急，蘊含著動力，河邊的大片森林是未來的燃料，山上的花崗岩可用於提煉硝石。伊雷內站在白蘭地河邊，抑制不住內心的激動，大聲喊道：「我找到了！找到了！」就像哥倫布發現新大陸、阿基米德發現浮力定律時那樣叫喊。

　　這裡還有大量廉價的勞動力，無數的法國難民聚居在這裡，要求的報酬比美國人低得多。他還認識了剛剛被法國政府驅逐出境的富翁彼德‧波提，並說服此人入股。就連法國政府也得知了伊雷爾的活動，為了增加火藥來源以便與英國開戰，法國政府火藥局向伊雷爾提供了先進的生產技術和設備，還督促銀行家投資……總之，堅持不懈的努力漸漸把各個環節的設想變成了明朗的現實。1802 年 4 月，生產火藥的杜邦公司成立了。

　　經常聽人說：「我知道今天該做這件事，但是今天我情緒不好、狀態不好、條件不好、這樣那樣不好，這件事肯定做不好，還是以後再說吧。」於是他開始拖延。他把該做的事放在

一邊，去做那些比較容易、比較有趣的事。

　　這件事也許比較乏味、比較難，但是，一件事值得做否，不在於它能帶來多少樂趣，而在於它對人格發展、自我完善的作用。

　　一個目標明確、胸有成竹、充滿自信的人，絕不會把自己的計畫拿出來與別人反覆討論，除非他遇到了比他見識高得多、比他能力強得多的人。他有主見，迫切需要行動。不會在徘徊觀望中浪費時間，也不會在挫折面前氣餒。只要做出了行動的決定，就勇往直前。

　　詩人亨利·沃茲沃思·朗費羅（Henry Wadsworth Longfellow）則說：「日常生活看似枯燥乏味卻非常重要，就像時鐘的發條一樣，可以讓鐘擺勻速地擺動，讓指標指示正確的時間。當發條失去動力時，鐘擺就會停止，指標也不再前進，時鐘靜靜地躺在那裡，不再有任何價值。」

　　很多人心存這樣的想法：人人都在命運之神的掌握之中，所以，只要等待好運降臨就行了。這是一個可怕的念頭，對人的天賦、智慧、品格禍害最大的莫過於此。

　　要鼓起勇氣、拿出力量、採取行動。常常對自己說：「我要完成它！」以這種態度做事，沒有不成功的道理。

　　空想家與行動者之間的對比似乎既簡單又淺顯，但是，它所蘊含的智慧卻往往被人們忽略。太多的人在坐等機會的自動

第七章　好習慣成就你的事業

降臨，在期待某個時刻、以某種方式、在某一天自己一覺醒來便會夢想成真。這顯然十分荒謬，但是，所有的空想者正是每日生活在這樣的幻覺之下。

1932 年的經濟大蕭條期間，一個年輕人從某大學畢業，獲得了社會科學的學位。關於自己未來的生活，他沒有得到任何的指導，也沒有什麼自己的想法。他的困境總結起來只有一條，那就是，那個年頭的工作職務缺額極度稀少。年輕人開始等待，希望有什麼好運會降臨到自己頭上。同時，為了賺錢養活自己，他整個夏天都在一家當地的游泳池當起了救生員的老本行。

一位經常來帶孩子來游泳的父親對年輕人十分友好，並對他的未來產生了興趣。他鼓勵年輕人仔細分析一下自己，看看究竟最想做什麼。年輕人聽從了他的建議，在隨後的幾天中，他開始檢討自己。最後，他發現自己還是最想成為一名電臺播音員。

年輕人告訴了這位長者他的志向，這位長者鼓勵他採取必要的行動，讓夢想成真。隨後，他走遍了伊利諾州和愛荷華州，努力讓自己進入廣播行業。終於，他在愛荷華州的達文波特停住了流浪的腳步，成為了 WKOC 公司的一名體育播音員。

「終於找到了工作，這多美好呀！」後來這個年輕人坦率的說道，「不過，更有意義的是，我知道了應該去行動這個道理。」這番經歷，正是讓美國前總統雷根把夢想付諸實踐的關鍵。

有多少想法，多少夢想，多少好打算，都被你閒置於樹枝，原因僅僅是你的決定沒有得到有目的的實際行動的支援啊。

這是一條極為簡單不過的真理：再偉大的思想與熱情都得付諸實踐。

養成全力以赴的好習慣

一位經理在描述自己心目中的理想員工時說：「我們所亟需的人才，是意志堅定、工作起來全力以赴、有奮鬥進取精神的人。我發現，最能幹的大概是那些天賦一般、沒有受過高深教育的人，他們擁有全力以赴的做事態度和永遠進取的工作精神。做事全力以赴的人獲得成功機率大約占到九成，剩下一成的成功者靠的是天資過人。」這種說法代表了大多數管理者的用人標準：除了忠誠以外還應加上積極的態度。決心固然寶貴，但有時會因力量不足、能力有限而受阻，而唯有全身心投入，方能長驅直入，無人能敵。

做什麼事情，你都不能認為是在替別人工作，你不應該有任何的理由和藉口，所以你必須全力以赴。

高緯度地區的人們，到了冬天的時候，喜歡去山裡打獵。有一天，一個獵人進了山，看見了一隻兔子，一槍打中了兔子的左腿，兔子沒有死，獵犬就開始追兔子，追了三圈以後，兔子跑到它的洞裡面，沒有被獵犬抓到，但是兔子回到洞裡面已

經鮮血滿身，同伴問它怎麼全身是血？兔子說：「我剛剛被獵人打傷了左腿，我還被獵犬追。」同伴更驚訝了，「怎麼可能沒有被抓到呢？」牠說：「你們知道嗎？剛才在跑的時候，我全力以赴的跑，而獵犬只是盡力而為，如果我不全力以赴的跑，我一定會死掉。但獵犬不同，它只是盡力而為，因為它即使不抓到我，獵人也不會把它打死。」

一個企業經營者做事一定是全力以赴的，因為他知道，如果他拿不下這個訂單的話就不能有利潤，企業就會破產，所以他會全力以赴。他也想睡覺，他也想休息，他也想陪家人，他更想陪孩子，但是他為什麼停留在市場上，因為他知道，某個機遇抓不住，他所有想要的都不會有好的結果，他非常清晰，只有做好他要做的，才能得到他想得的。我們做事時一定全力以赴，而不是盡力而為。

無論做何事，務須竭盡全力，因為它決定一個人日後事業上的成敗。

美國石油大亨洛克菲勒，標準石油公司的創始人，也是世界上第一位億萬富翁。16歲時，他為了得到一份「對得起所受教育」的工作，翻開克利夫蘭全城的工商企業名錄，仔細尋找知名度高的公司。每天早上8點，他離開住處，身穿黑色衣褲和高硬領西裝，戴上黑領帶，去赴新的預約面試。他不怕一再被人拒之門外，日復一日地前往 —— 每星期六天，一連堅持了六個星期。在走遍了全城所有大公司都被拒之門外的情況下，

他並沒有像很多人想的那樣選擇放棄，而是「敲開一個月前訪問過的第一家公司」，從頭再來。有些公司甚至去了兩、三次，但誰也不想雇個孩子。可是洛克菲勒越受到挫折，他的決心反而越堅定。1855 年 9 月 26 日上午，他走進一家從事農產品運輸代理的公司，老闆仔細看了這孩子寫的字，然後說：「留下來試試吧！」並讓洛克菲勒脫下外衣馬上工作，薪水的事提也沒提。他過了三個月才收到了第一筆補發的微薄報酬。這就是洛克菲勒的第一份工作，是他自己都記不清被拒絕多少次後得到的工作。他一生都把 9 月 26 日當作「就業日」來慶祝，那熱情，勝過他自己過生日。

全力投入工作需要你滿懷熱忱。沒有對工作的熱忱，就無法全身心投入工作，就無法堅持到底，對成功也就少了一份執著；有了對工作的熱忱，在執行中就不會斤斤計較得失，不會吝嗇付出和奉獻，不會缺乏創造力。

一個人一旦領悟了全力以赴地工作能消除工作辛勞這一祕訣，他就掌握了打開成功之門的鑰匙。能處處以主動盡職的態度工作，即使從事最平庸的職業也能增添個人的榮耀。我們不應該抱有「我必須為老闆做什麼？」的想法，而應該多想想「我能為老闆做些什麼？」

全心全意、盡職盡責的職業精神，表現在習慣中就是——比自己分內的工作多做一點，比別人期待的更多一點，如此可以吸引更多的注意，給自我的提升創造更多的機會。

第七章　好習慣成就你的事業

是的，正是凡事多做一點點的習慣，可以幫助你完善你的職業精神。

讓自己全力以赴你沒有義務要做自己職責範圍以外的事，但是你也可以選擇自願去做，以驅策自己快速前進。率先主動是一種極珍貴、備受看重的特質，它能使人變得更加敏捷，更加積極。無論你是管理者，還是普通職員，「每天多做一點」的工作態度能使你從競爭中脫穎而出。你的老闆、委託人和顧客會關注你、信賴你，從而給你更多的機會。

每天多做一點工作也許會占用你的時間，但是，你的習慣會使你贏得良好的聲譽，並增加他人對你的需要。

有幾十種甚至更多的理由可以解釋，你為什麼應該養成「每天多做一點」的好習慣 —— 儘管事實上很少有人這樣做。其中兩個原因是最主要的：

- 在建立了「每天多做一點的」的好習慣之後，與周圍那些尚未養成這種習慣的人相比，你已經具有了優勢。這種習慣讓你無論從事什麼行業，都會有更多的人指名道姓地要求你提供服務。

- 如果你希望將自己的右臂鍛鍊得更強壯，唯一的途徑就是利用它來做最艱苦的工作。相反，如果長期不使用你的右臂，讓它養尊處優，其結果就是使它變得更虛弱甚至萎縮。

身處困境而努力能夠產生巨大的力量，這是人生永恆不變的法則。如果你能比分內的工作多做一點，那麼，不僅能彰顯自己勤奮的美德，而且能發展一種超凡的技巧與能力，讓自己具有更強大的生存力量，從而擺脫困境。

社會在發展，公司在成長，個人的職責範圍也隨之擴大。不要總是以「這不是我分內的工作」為由來逃避責任。當額外的工作分配到你頭上時，不妨視之為一種機遇。

提前上班，別以為沒人注意到，老闆可是睜大眼睛在瞧著呢？如果能每天保持提早一點到公司的習慣，就說明你十分重視這份工作。每天提前一點到達，可以對一天的工作做個規劃，當別人還在考慮當天該做什麼時，你已經走在別人前面了！

電子書購買

國家圖書館出版品預行編目資料

好習慣使你人見人愛，壞習慣讓人一見就散：
成功不是遙不可及的夢想！你與百萬富翁差在
哪？養成70種好習慣，讓機會追著你跑 / 莫宸，
李紅祥著 . -- 第一版 . -- 臺北市：財經錢線文化
事業有限公司 , 2022.10
　　面；　公分
POD 版
ISBN 978-957-680-518-9(平裝)
1.CST: 修身 2.CST: 生活指導
192.1　　111014389

好習慣使你人見人愛，壞習慣讓人一見就散：成功不是遙不可及的夢想！你與百萬富翁差在哪？養成 70 種好習慣，讓機會追著你跑

臉書

作　　　者：莫宸，李紅祥
發 行 人：黃振庭
出 版 者：財經錢線文化事業有限公司
發 行 者：財經錢線文化事業有限公司
E - m a i l：sonbookservice@gmail.com
粉 絲 頁：https://www.facebook.com/sonbookss/
網　　　址：https://sonbook.net/
地　　　址：台北市中正區重慶南路一段六十一號八樓 815 室
Rm. 815, 8F., No.61, Sec. 1, Chongqing S. Rd., Zhongzheng Dist., Taipei City 100,
Taiwan
電　　　話：(02) 2370-3310　　傳　　　真：(02) 2388-1990
印　　　刷：京峯彩色印刷有限公司（京峰數位）
律師顧問：廣華律師事務所 張珮琦律師

定　　　價：399 元
發行日期：2022 年 10 月第一版
◎本書以 POD 印製